my kind makeer iets
Die pyn en hoop rondom leerprobleme

Helena Bester

Help
my kind makeer iets
Die pyn en hoop rondom leerprobleme

Human & Rousseau
Kaapstad Pretoria Johannesburg

Die name van die kinders in hierdie boek is fiktief.
Ek wil verhoed dat hulle nog 'n paar vonnisse bykry.
Die gebeure is deurmekaargeskommel, maar waar.

Eerste druk 1996
Tweede druk 1997

Kopiereg © 1996 deur Helena Bester
Uitgegee in 1996 deur Human & Rousseau (Edms.) Bpk.
Stategebou, Roosstraat 3-9, Kaapstad
Bandillustrasie deur Ian Lusted
Bandontwerp en tipografie deur Robert Meas
Geset in 11.5 op 13pt Bembo
Gedruk en gebind deur Nasionale Boekdrukkery,
Drukkerystraat, Goodwood, Wes-Kaap

ISBN 0 7981 3653 7

Geen gedeelte van hierdie boek mag sonder skriftelike verlof van die uitgewer gereproduseer of in enige vorm of deur enige elektroniese of meganiese middel weegegee word nie, hetsy deur fotokopiëring, plaat- of bandopname, vermikrofilming of enige ander stelsel vir inligtingsbewaring

Hierdie boek is opgedra aan my mentor,
Dr. Huibrie Pieters, wat my begelei het tot hier.

❦

Daar is 'n krag binne ons, groter as onsself — ook in my.

A Prayer Before Birth

*I am not yet born; O fill me
With strength against those who would freeze my
humanity, would dragoon me into a lethal automaton,
would make me a cog in a machine, a thing with
one face, a thing, and against all those
who would dissipate my entirety, would
blow me like thistledown hither and
thither or hither and thither
like water held in the
hands would spill me.
Let them not make a stone and let them not spill me.
Otherwise kill me.*

LOUIS MACNEICE

INHOUD

Voorwoord 11

Inleiding 15

Hoofstuk 1
Die onvolledige storie van Johannes Adrian 19
   Waarom al daai verslae? 26
   Die waarde en beperkings van toetse 27

Hoofstuk 2
Leergeremd of verstandelik gestremd? 30
   Die verstandelik gestremde kind 30
   Die leergeremde kind 31
   Bekende vroeë of aanvangsimptome van die 34
   leergeremde kind

Hoofstuk 3
Waarom word die kind met leerprobleme 41
   laat geïdentifiseer?
   Meer oor die "sluier" van die leergeremde kind 43
   Gedrag as rookskerm – tornado of skaduwee? 44
   Andrew die tornado 45
   Die voorbeeldige Louise 51
   Oorsigtelike beskouing – die gedragskostuums 54
   van die leergeremde

Hoofstuk 4
Emosionele pyn 58
   Die ma se pyn 61
   Wat het ek verkeerd gedoen? 61
   Konflik tussen ma en kind 63

Hoe ver strek my verantwoordelikheid?	65
Die konflik brei uit	66
So lyk die strikke	67
Angstigheid	67
Dood straf	67
Die brandglas	68
Dit is my verantwoordelikheid	68
Volstruisgedrag	68
Sondebokgedrag	69
Wat is dan nou die resep?	69

Hoofstuk 5
Wankonsepte oor disleksie, hiperaktiwiteit

en aandagstekortsteurnis	73
Is my kind disleksies?	74
Minimale breindisfunksie en disleksie	76
Hiperaktiwiteit en aandagstekortsteurnis	78

Hoofstuk 6

Voorkoming van leerprobleme	84
Wat is perseptuele vaardighede?	86
Visuele en ouditiewe persepsuele vaardighede en inoefeningsaktiwiteite	86

Hoofstuk 7

Waarheen met my kind met die leerprobleem?	94

Hoofstuk 8

'n Paar wonderwerke	101
Jacques se glimlag	101
Die rekenmeester het nooit leer lees nie	106
Ginovian die skugtere	109

Hoofstuk 9

Leerprobleme ontstaan ook in die klaskamer	113
Ten slotte	123
Bronnelys	127

Voorwoord

> "Julle is die boë waaruit
> julle kinders soos lewende pyle geskiet word."
>
> KAHLIL GIBRAN

Jy's nie alleen nie. Ons pyn en ons vreugde is mekaar s'n.

Ek skryf aan elke ma met 'n intuïtiewe wete dat daar fout is met die funksionering van haar kind, terwyl sy weet dat hy nie dom is nie. Ek skryf aan elke mens wat gemoeid is met 'n kind van wie hulle weet dat daardie kind nie volgens sy vermoë presteer nie.

Die kind met 'n leerprobleem is soos 'n rivier waarvan die vloed gestuit word. Op een plek spoel die rivier vry, vol in vloed. 'n Entjie verder, op skool, waar daardie krag van die rivier gemeet word, lyk dit anders. Die rivier het 'n flou vloeiende spruit geword. Waar lê die obstruksie; waar word die water opgedam?

Hierdie boek handel nie oor die klein persentasie kinders wat weens neurologiese of fisieke defekte nie normaal kan funksioneer nie. Ek skryf hier oor die normale, welgeskape kind in hoofstroomskoling met 'n leerprobleem. Hierdie kinders kan gehelp word. Daar is duisende van hulle – minstens een uit elke sewe leerlinge in normale skole. Die groep kinders wie se leerprobleem as 'n swak verstandelike vermoë gelees is en in skole vir kognitief gestremdes geplaas is, moet by die berekening bygetel word.

Toe ek en my vennoot, Ilse Theunissen, vyf jaar gelede die eerste privaat remediëringskliniek in die Wes-Kaap begin het, het ek geen idee gehad van die omvang van die probleme rondom kinders met leerprobleme nie. Ook nie van die hoë voorkomssyfer nie. Ons sou bloot 'n aanvullende diens tot die bestaande skoolklinieke lewer. Na radio-onderhoude en koerantberigte is ons oorval deur hulproepe van heinde en ver. Tussen die toppresteerders en die groepie kinders wat deur skoolklinieke "gehelp" word om lees- en spelprobleme op te los, is daar derduisende kinders vir wie daar nie reddingstoue uitgegooi word nie. Hulle het dit oënskynlik nie nodig nie. Baie van hulle haal nie die oorkantste oewer nie, party beland in spesiale skole en ander spartel hulle skoolloopbaan deur. Doodmoeg aan die ander kant, skarrel hulle so vinnig en ver moontlik van boeke af weg. Hierdie kinders word ongeaktualiseerde, misplaaste volwassenes.

Die "tussenin" groep kinders waaroor daar in hierdie boek geskryf word, se simptome van leergeremdheid is verdoesel. Omdat die bekende simptome nie presenteer nie, word hulle nie geïdentifiseer en nie gehelp nie. Die intuïsie van die ma is dikwels die enigste leidraad. Danksy moeders se besorgdheid oor hulle kinders en 'n band wat dieper en omvattender kennis dra as teoretiese feite, het ons toegang verkry tot insig in die sluier waarin hierdie kinders versteek is.

Ek wil my dank betuig aan my vennoot, Ilse Theunissen, wat oorspronklik die gedagte geopper het om 'n remediëringskliniek te stig. Daardie gedagte het my 'n pad laat stap waarlangs ek pyn gesien het en waarlangs ek wonderwerke sien ontvou het. Die pyn, kennis en hoop van daardie pad wil ek vir die leser besorg.

Dankie aan die duisende ma's wat in vertroue met ons julle binnekennis gedeel het. Sonder die krag van julle intuïsie en liefde sou hierdie maar nog 'n boek met feite en simptome wees.

Dankie vir die aanmoediging en staaltjies, Heleen. Ivor, Titia en my liewe sus, Louisa, vir julle tikwerk en geloof in my.

Huibrie, by jou het ek meer geleer van begeleiding van mense in nood en oor liefde as in 'n duisend boeke.

Dank word betuig aan prof. Marion Jacobs, prof. David Beatty, dr. Colleen Adams en me. Elsa Grundlingh van die departement Pediatrie en Kindergesondheid van die Universiteit van Kaapstad wat toestemming verleen het vir die publikasie van die plakkate oor die ontwikkelingsmylpale.

Hopelik vind die leser bruikbare, deurleefde kennis in hierdie boek wat 'n reddingstou sal word vir nog 'n kind in nood. Vir ander sal hierdie boek 'n spieël wees van hulle eie omstandighede. "We read to know that we're not alone" (C.S. Lewis).

Inleiding

Ons kinders is ons rykste erfenis en ons toekoms. Hulle herinner ons aan ons drome wat onvertroebeld ons siel reflekteer. Hulle perspektief is nog nie versteur deur doelwitte wat aan ons opgedwing word nie. In hulle sien ons ons waarde wat nie aan status en geld gemeet kan word nie. Hulle herinner ons aan ons intuïsie — 'n waarheid wat groter as ons bewussyn is. 'n Kind se werklikheid is nie 'n kostuum van 'n kultuur, van sosiale waardes, van gekleurde betekenisse nie. Kinders is die siel van ons oorsprong. Die begeertes, drome, gebede van 'n kind kan dikwels ons skeef getrekte perspektiewe van wat waarde het, herstel.

Maar ons vorm hulle. Ons kleur hulle waarnemings in met ons waardes, oortuigings en beginsels. In hulle saai ons onsself die toekoms in. Daarom moet ons dit met sorg doen.

Ons lê taal in hulle mond, gee vir hulle letters wat simbole is van klanke, woorde wat betekenis dra, gedragskodes wat as "reg" of "verkeerd" bestempel sal word. Ons lei hulle in in sosiale vaardighede en rolspel. Ons druk die stempels wat ons vervaardig op hulle lewe af.

Meestal klee ons hulle so goed soos wat ons kan, rus ons hulle toe na die beste van ons vermoë en dit is goed genoeg. Gapings ontstaan tussen die kind se eie belewing van dinge en die nuwe sporadiese inkleding van sy wêreld deur die betekenisse en waardes waarmee ons hom toerus. Daardie gapings word gaandeweg gevul deur die kind se eie ervarings en verkenning. Soms bly daar verwarrende oningekleurde dele.

Ek onthou nog dat ek vir jare lank nadat ek die woord

"hond" met die troeteldier verbind het en geweet het dat "kat" daardie dier is wat in die son in die vensterbank lê, geglo het dat 'n "kat" 'n vroulike vorm van 'n hond is.

Ek het die "e's" in my naam agterstevoor en die "a" onderstebo geskryf. Toe ek in 'n gesprek tussen my gr. 1-onderwyseres en my ma gehoor het dat hulle besorgd is daaroor dat ek so agterstevoor skryf, was ek ontsteld. (Ons praat mos dikwels oor ons kinders asof hulle nie ore het nie.) Ek het summier besluit om dan, volgens my, voortaan die letters verkeerd om te vorm om hulle tevrede te hou.

Baie van die gedrag wat ons as simptome van probleme of leerprobleme beskou, is bloot omdat ons die verwagte response of reaksies nie duidelik genoeg oorgedra het nie; of omdat ons oor dinge met 'n kind kommunikeer voordat die kind daarvoor ontvanklik is. Ons kan tog nie vir 'n vierjarige kind sê dat die figuurlike betekenis van "donkie" "domkop" is nie. Ek het wel 'n vriend wie se driejarige dogtertjie tot ons almal se vermaak op aanvraag sê dat "teen daardie muur gaan ons 'n Monisse hang" en "bo die klavier kom daar eendag 'n Van Gogh". Ons onthou die psalms en gesange waarvan ons die woorde so getrou geleer en trots saamgesing het. Hoe lank het dit jou geneem om die betekenis van die woorde "Jesus min my salig lot" te snap? Dit wat 'n kind kan nasê of ons kan nadoen, het nie noodwendig vir hom enige betekenis nie.

Daar is talle boeke geskryf oor ontwikkelingsfases en wanneer 'n kind ontvanklik is vir watter tipe stimuli. Dit is nie die doel van hierdie boek nie. Ek wil bloot daaraan herinner dat dit wat dikwels as 'n uitval of 'n probleem voorkom, nie altyd 'n onvermoë is nie, maar bloot gebrekkige kommunikasie of "bad timing". Onthou dat woorde nie inherente betekenis of waardes het nie – die kind kan nie vanuit sy eie wete betekenis aan woorde heg nie. In hierdie verband is optimale stimulasie belangrik. Hy wat 'n goeie woordeskat het, het goeie toerusting om die moeilike verkenningstog van sy wêreld aan te pak.

Dit is verder nie 'n gegewe waarheid dat 'n mens van links na regs lees en skryf nie. Trouens, party kulture doen dit nie so nie. Wanneer jou kind sy naam begin skryf en hy doen dit van "agter" na "voor" wat relatiewe, gekleurde begrippe is, het hy nog lank nie 'n leerprobleem nie. Wanneer hy dit doen omdat hy nie 'n inherente bewustheid van links na regs bekom na voldoende stimulasie nie, dan is daar waarskynlik 'n ruimtelike oriëntasieprobleem wat die aanleer van leesvaardighede ernstig benadeel.

Die hele links en regs kwessie is baie verwarrend. Kyk na jouself in 'n spieël. Die persoon wat na jou terugstaar se regterhand is aan dieselfde kant as jou regterhand. Staan teenoor 'n fisieke persoon en skielik is die "kante" omgeruil. 'n Kind moet dus pertinent geleer word wat 'n spieëlbeeld is. As hy foute maak omdat hy dit nog nie geleer is nie, het hy nie 'n leergeremdheid nie.

Hoe meer jy jouself kan indink in hoe die wêreld vir jou kind moet lyk en voel, hoe duideliker sal dit vir jou word wat jou kind nie outomaties weet nie. Jy sal hom dan perseptuele vaardighede of spesifieke betekenishegtings suksesvol kan aanleer. Die stimulasie en aanleer van perseptuele vaardighede op voorskoolse vlak is belangriker as die oordra van feitelike kennis, die aanleer van hoe om 'n naam te skryf en somme te maak.

Daar is baie leesstof oor perseptuele vaardighede en oefeninge. Gewoonlik weet die ouer net nie presies wat hy die kind nou met die bepaalde opvoedkundige speletjie aanleer en waarom hy dit behoort te doen nie. Soms laat 'n ouer 'n kind talle legkaarte bou en die gevolg is dat daardie kind se visuele analitiese en sintetiese vermoëns goed ontwikkel. Daar is egter nie so baie speletjies wat byvoorbeeld opeenvolging en diskriminasie aanleer nie.

Ek sal later in hierdie boek breedvoerige inligting gee oor watter perseptuele vaardighede (visueel en ouditief) gestimuleer moet word. Ek sal ook poog om te verduidelik waarom dit belangrike voorvereistes vir leer lees en spel is en prakties implementeerbare wenke in hierdie verband gee. Die ouer se instinktiewe kennis in hierdie verband is gewoonlik voldoende, maar dit is ook so dat daar al hoe meer kinders met leerprobleme geïdentifiseer word wat 'n direkte gevolg is van onontwikkelde of ongeïntegreerde perseptuele vaardighede. Miskien het ouers doodgewoon nie meer die tyd om "ek sien met my twee ogies iets wat begin met 'n . . ." en talle outydse, hoogs funksionele speletjies te speel nie.

Kom ons noem goue reël nommer 1 in die voorkoming van leerprobleme die volgende: Speel met jou kind en verken opnuut vanuit kinderoë met hom sy nuwe wêreld – moet hom nie "slim" probeer maak nie.

Reël 2: Hoe meer jy bereid is om ingestel te wees op wat jou kind sien en hoor en om na sy vrae te luister – nee, om sy vrae te HOOR – hoe meer effektief sal die insette wees wat jy lewer ten opsigte van sy perseptuele ontwikkeling. Ons hoef nie dinge aan ons kinders op te dwing nie. Hulle het 'n spontane behoefte om te leer wat hulle nodig het om te weet. Hulle behoeftes stem ongelukkig nie ooreen met die beskikbaarheid van ons tyd en ons vreemde behoefte om gou vir 'n uurtjie per dag kwaliteittyd as 'n belegging in ons kind se toekoms in te ploeg nie. Ons word mos vanuit alle oorde vertel hoe belangrik dit is om kwaliteittyd met ons kinders deur te bring. Dit is soms goed genoeg om bloot net teenwoordig te wees terwyl jou kind homself heerlik vermaak. Jy hoef nie in die tyd wat jy vir jou kind beskikbaar het, te "perform" of hom kennis in te pomp terwyl hy sommer net wil weet dat jy daar is nie.

Hoofstuk *1*

Die onvolledige storie van Johannes Adrian

"He is Tiny Tom, who is mocked, praised, teased, humored, cuddled, cursed, loved and rejected; but around him the family life revolves. He is the focus of mental discard, the theme of self-recrimination, the object of fraternal jealousy and embarrassment, the cross of family responsibility, the scapegoat of neighbours, the hound of the family's sense of failure" (Monesson, 1956).

Ons noem hom J.A. – kort vir Johannes Adriaan, 'n eg Afrikaanse naam. Op dié manier kan hy ook Jan Alleman wees, want hy dra ons almal se bagasie en skuld. Ons reik egter nie 'n skuldbrief uit nie maar 'n etiket. Ons doen dit mos – ons kry 'n sondebok wat ons veroordeel vir dit wat ons in onsself vrees. So stuur ons ons eie skuld en swakhede weg van onsself. Ons doen dit in ons huisgesinne, in ons skole, kerke, vriendekringe. Dit het in die Ou-Testamentiese tyd gebeur en dit gebeur nou.

Hy, J.A. of voorts Johan, is elf jaar oud. Hy het op een goeie oggend saam met sy ma en 'n dik pak verslae by die kliniek opgedaag. Ek het hom nie self geëvalueer nie. Ek het agterna gedink aan my eerste indrukke van hom. Eerste indrukke was toe nie blywend nie.

Johan het vir my gelyk na 'n kognitief gestremde kind – 'n kind wat ons so gou moontlik in 'n spesiale skool geplaas moes kry. Dit is altyd baie pynlik om aan 'n ouer oor te dra dat sy onrealistiese verwagtinge oor haar kind koester. Ek het vaagweg gedink aan die pyn wat Johan se ma drie ure later daar sal uitdra. Ons laat die ouer na die beste van ons vermoë verstaan dat 'n kognitief gestremde kind nie 'n stukkende mens hoef te wees nie.

'n Kaapse mossie is gelukkig wanneer hy mossie mag wees. Vir elke mens onder God se son is daar 'n plek waar die maatstawwe waaraan hy gemeet word, waar die rol wat hy moet vervul, haalbaar is.

Johan was lomp met hangskouers. Hy was duidelik ongemaklik binne sy eie liggaam. Sy mond was halfoop en sy oë het oënskynlik nêrens gefokus nie. Ek het hom na sy naam gevra en hy het, terwyl hy hier en daar vroetel en verby my kyk, iets gemompel. Ek het met verskeie vrae hom uitgelok om te praat. Sy spraak en woordeskat was infantiel.

Johan het 'n dik bos hare en mooi oë. Hy is 'n aantreklike seun. Hy sou so mooi wees as hy fier en regop met 'n lig in sy oë sou wees! Dit was vir my duidelik dat hy misplaas en ongelukkig is. Daar was 'n deernis in my hart oor hom.

Ons evaluasies is lank en dikwels uitputtend vir die kinders. Johan en sy broer wat ook daar was vir toetsing, het op dieselfde tyd 'n rustyd gekry. Ek het toevallig gaan kyk waar hulle besig was om rekenaarspeletjies te speel. Die kind wat ek daar aangetref het, was 'n ander kind. Sy vaardigheid met die muis het my verstom. In speletjies wat vormwaarneming en visuele geheue toets, het hy uitgeblink. Hy sou my beslis lag-lag uitstof.

Ek het vir Ilse gaan vra na haar bevinding sover. Hy toon toe nie soveel perseptuele uitvalle soos wat 'n mens sou verwag nie. Sy lees- en spelouderdom toets so om en by sewe jaar. Dit was dus weer eens 'n kind wat in bepaalde vaardighede uitblink ten spyte van, of as gevolg van, 'n lae intellektuele vermoë.

Ons het voortgegaan met ons onderskeie evaluasies. My gedagtes het rondom Johan begin draai. Waarom is Johan se broer met talle perseptuele uitvalle 'n toppresteerder? Waarom lyk die toetsresultate van Johan se broer na 'n weerspieëling van die gedrag wat ek vlugtig in Johan opgemerk het? Johan se broer het die uitvalle wat Johan se gedrag reflekteer. Waarom het Johan se visuele geheue laag getoets terwyl ek met die rekenaarspeletjie kon sien dat sy visuele geheue besonder goed is? Veronderstel nou maar hy fokus bloot nie sy aandag nie, net soos sy oë ook nêrens fokus nie? Die vrae het bly karring en krap in my gedagtes, maar die getuienis was verdoemend.

Ons, ek en my kollega, het die toetsverslae met die ma bespreek. Ek kon sien dat die ma voorbereid was op die slegte tyding. Hierdie was die laaste poging, die laaste uitreik. Hierna sou sy berus. Waarom het sy tot dusver nie berus nie? Ek het ook die oorblyfsels van splinters hoop en intuïsie van elf jaar gesien. Mev. Brand was moeg ook – moeg van hoop en wanhoop se wipplankryery. Sy was moeg van al die toetse en eksamenvraestelle waarvoor sy namens Johan voorberei het, van al die huiswerk en spanning.

"Jy het baie toetsverslae van Johan."

"Ek het van die begin af geweet my kind makeer iets. Hy was tog in baie dinge sy broer ver vooruit, al is hy 'n jaar jonger. Net sodra ek begin dink het daar's geen hoop meer vir my kind nie, was dit asof dit begin beter gaan. Hy het goed reageer op die behandeling van die fisioterapeut. Eintlik op al die behandelings wat hy deurgaan het."

"Jy het gesê dat hulle Johan eers 'n jaar wou terughou in die voorskoolse klas?"

"Ja, my man wou niks weet nie. En na die arbeidsterapie wat hy ontvang het, het hy wonderlik reggekom."

"Wanneer het jy vir die eerste keer van die skool terugvoer ontvang dat Johan probleme het?"

"In gr. 2 het hulle gesê hy moet spraakterapie ontvang. Sy spraak het heeltemal reggekom. Dit is net die afgelope jaar dat hy weer so onduidelik begin praat het met tye."

"Hy het nie een jaar op skool gedruip nie?"

"Nee. In st. 1 en 2 het hy remediëring in lees en spel ontvang. Soms was daar periodes tot so lank as ses maande waartydens hy in al sy toetse besonder goed gevaar het, dan gaan dit skielik weer baie sleg. Hy raak dan amper weer soos 'n baba. Hy kan dan glad nie alleen leer of huiswerk doen nie."

"Wanneer het jy agtergekom dat Johan se broer 'n leesprobleem het?"

"Sy broer vaar baie goed op skool. Dit is maar eers van die begin van hierdie jaar af dat hy nou en dan 'n blaps maak met 'n toets omdat hy 'n vraag verkeerd gelees het. My man sê Johan se broer identifiseer met Johan se probleme. Ons moet Johan in 'n spesiale skool sit en fokus op ons kind wat 'n sukses van sy lewe kan maak. Miskien is hy reg. Dit is net vir my asof Johan oomblikke van helderheid het waarin hy slimmer is as sy broer. Ek weet nie meer wat om te dink nie. By die skool sê hulle Johan hou sy broer terug. Ons doen albei kinders 'n onreg aan. Die remediërende onderwyseres sê Johan kan glad nie lees nie. Iemand by die skoolkliniek het selfs gesê die kind is outisties."

Êrens in die verloop van die gesprek te midde van mev. Brand se moegheid en al die kloutjies wat ek nie by die ore kon kry nie, spreek my intuïsie my aan. Die krag in my het sterk ontwikkel na my blootstelling aan al die ma's se intuïsie. Ek neem 'n besluit. Johan verdien, soos almal anders, nog 'n kans. Ek is so verskriklik bang om vir mev. Brand vals hoop te gee. Ek is in die duister en ek het geen grond om op te staan nie. Daar is net die tydelike opflikkerings van Johan, sy ma se waarneming en gevoel en blinde hoop.

Beelde en vermoedens neem vorm aan in my gedagtes. Dit voel vir my asof Johan 'n kleed begin weef het van alle beskuldigings wat hy nog ooit gehoor het. Daardie kleed raak al hoe swaarder en hy het hom dit aangetrek. Hy reflekteer iets anders as sy eie vermoëns. Hy weerspieël dit wat van hom gesê word en van hom vermoed word. Wanneer daar konflik ontstaan tussen sy ma en pa oor enigiets, neem hy dit op hom. Wanneer daar verwys word na sy broer se lompheid of enige swak vaardigheid, word Johan lomper en presteer hy swakker, om die aandag van sy broer af te lei. Dit voel amper vir my asof hy sy krag vir sy broer gee, asof hy sy broer op sy eie skouers laat staan sodat hy kan uitblink. Sy broer reflekteer hulle saamgesnoerde krag en Johan hulle albei se swakhede plus alle aantygings wat hy hom in elf jaar aangeleer het.

Ek het geen bewyse vir hierdie gedagtes gehad nie, maar nietemin met albei begin werk.

Ons het begin met middellynkruisingsoefeninge. Johan het sy broer fyn dopgehou. Wanneer sy broer iets nie kon regkry nie, het hy my aandag op hom gevestig deur my te roep of om voor te gee dat hy gaan omval. Ek het met groot moeite en sparteling en truuks daarin geslaag om Johan te laat fokus op wat hy doen en nie op sy broer se gedrag nie. Sy broer se gedrag was die barometer waarvolgens hy vir homself toestemming gegee of geweier het om iets te mag regkry.

Ek kon hulle nie skei nie. Die interafhanklikheid van die twee broers is te delikaat en kompleks. Die verandering en groei sou binne die verhouding "toegelaat" moes word. Johan sou bloot sy eie vordering ontken as sy vordering die fokus op sy broer se onvermoëns sou plaas. Johan sou moes ervaar dat hulle albei as 't ware saam vorentoe beweeg. Hy sou sy broer nie "verbysteek" en sodoende "in die steek laat" nie.

Ek vermoed wat die deurslag gegee het, is toe ons met ritme begin werk het. Ons het alles met ritme en musiek gedoen – lees, praat, bewegings, speletjies.

Ek wou begin deur woorde binne bekende liedjies deur ander woorde wat by die ritme inpas, te vervang. Johan wou egter nie eers bekende liedjies se woorde in ritme saamsê nie. "Ek hou nie van liedjies nie," het hy gesê. Toe skei ek woorde en ritme. Johan kon enige komplekse ritme met ritmestokkies natik. Hy het ook die woorde van talle liedjies geken. Hy kon egter nie die woorde en ritme saamvoeg nie. Hy kon ritme en deuntjies onthou. Hy kon woorde onthou. Ek het 'n vertrekpunt gehad.

"Hansie Slim" het geword "tik-tik-tik-rus" en toe "la-la-la-rus", toe "Han-sie-slim-rus" – tot vervelens toe, net daardie eerste vier maatslae. Ons het daardie vier maatslae begin kombineer met alle denkbare bewegings. Uiteindelik het ons elkeen terwyl al drie van ons tydhou met die ritmestokkies 'n beurt gekry om 'n sin binne die vier maatslae in te pas. Dit het 'n speletjie geword en ons mag nie een maatslag oorslaan nie. Ek sê bv. "Ek-is-moeg-rus", dan Johan "kom-ons-rus-rus" en sy broer "nee-ons-werk-rus". Elke woord is geaksentueer. Aanvanklik het Johan vinniger en buite ritme begin tik sodra hy praat. Ons het dan ons koppe begin saamknik op elke maatslag om die ritme af te dwing. So het ons sessie na sessie vir plus-minus vyftien minute met die 4-tydmaatslag volgehou en absurde sinne gesê.

Uiteindelik kon Johan die hele "Hansie Slim" tik en sê saam met 'n audioband waarop die deuntjie oor en oor met elke keer nog 'n instrument by, herhaal is. Ons het gepraat en gelees op die deuntjie. Johan se gewoonte om woorde geïsoleerd te lees, is verbreek.

Ons het later verskillende deuntjies gekies en woordelyste en rympies wat by daardie ritme inpas, gelees. Johan het vlot begin lees en sy opmerklike lompheid het verminder.

Vir elke argument wat ek by die skool gaan opper het, was die respons dieselfde: "Ja, juffrou, maar Johan kan nie lees nie." Daardie selfde Johan wat nie kan lees nie, het binne drie weke leer lees. Nee, hy het nie leer lees nie, hy het ook nie skielik in st. 3 verleer om te lees nie. Dit is ook nie dat daar nie 'n integrasie van perseptuele vermoëns was nie (dit is dikwels die geval met kinders met leerprobleme). Alles was daar. Iewers was daar net 'n blokkasie. Hy het toegang tot sy eie vermoëns verloor. Johan lyk anders. Hy beweeg anders. Hy voel anders. Hy is opgewonde. Alles is nog lank nie opgelos nie, maar ons het toevallig 'n geheime kode gevind wat hom weer toegang laat verkry het tot sy eie vermoëns.

Wat gaan word van Johannes Adrian? Ek het alle rede om te glo dat hy 'n suksesvolle skoolloopbaan sal hê. Hy is 'n intelligente kind met 'n baie goeie visuele en ouditiewe geheue. Ouditiewe geheue is 'n redelik akkurate voorspeller van prestasiesukses.

Daar is nie beduidende perseptuele uitvalle wat sy prestasie hoef te benadeel nie. Sy lees- en spelvaardighede het binne twee maande van gr. 2-vlak tot st. 2-vlak verbeter. Die gaping tussen st. 2 en st. 4 kan oorbrug word op grond van die vordering wat hy tot dusver getoon het. Hy is ywerig en gretig om te leer. Ek het geen illusies daaroor dat daar nie verdere blokkasies sal intree nie. My vertroue en hoop in die krag binne hom is groter as die vrees vir die struikelblokke. Hy hoef nie na 'n skool vir kognitief gestremdes of na 'n skool waar daar multisintuiglike onderrig gegee word, te gaan nie. My vermoede is dat daar na 'n jaar min of geen tekens sal wees van die pynlike proses tot hier nie. Die letsels sal êrens in hom bly. Maar ons almal het letsels, ou wonde wat maar net herinnerings is van vorige gevegte.

Ek weet nie waarom sulke dinge gebeur nie. Ek weet nie presies waarom die heelwordproses geaktiveer is nie. Gelukkig hoef ons nie alles te verstaan nie, so het my mentor my geleer. Die feit bly staan dat sulke wonderwerke gebeur as ons glo in die inherente krag binne elke mens, wanneer ons respek het vir die proses van menswees, wanneer ons die etikette wat simptome saambondel, afruk en die mens onder die etiket vrylaat.

My kennis is beperk, so ook my ervaring. Ek het honderde ontluikings aanskou, maar miljoene het ek nie aanskou nie. Ek het nie kinders van my eie nie, so ek weet bitter min van die krag van die band tussen ma en kind. Die voordeel hiervan is dat ek in verwondering daardie band kan aanskou en leer om dit te respekteer. Ons sien mos dikwels die dinge wat te na aan ons is, nie raak nie. Ten spyte van al hierdie en talle ander beperkings op die effektiwiteit van die werk wat ek doen, groei kind na kind tot wasdom. Kan jy dink wat die sterkte van daardie helende krag binne elke mens is, as 'n mens dit sonder beperkings sou kon betree? Ek praat glad nie van die krag in my nie. Ek is bloot in die bevoorregte posisie om die ontvouing van die krag binne verskeie individue te aanskou.

Waarom al daai verslae?

Ek gee jou 'n oorsigtelike blik oor Johan se evalueringsverslae omdat dit waarskynlik 'n stukkie van die pad wat jy en jou kind gestap het, reflekteer. Die resultate lyk ook, heel moontlik, bekend. 'n Mens klop mos eerste by jou huisdokter aan as jy vermoed daar's iets fout met jou kind. Hy skryf medikasie voor om jou kind beter te kan laat konsentreer of om hom kalmer te maak. Dalk verwys hy jou na die pediater en van daar gaan jy na die neuroloog en dan begin die verslae:

Neurologiese verslag
(Die elektro-enkefalogram of E.E.G. toon geen onreëlmatighede nie)

Oogkundige verslag
(Probleem met oogbewegings is aanwesig)

Gehoorverslag
(Geen beduidende gehoorverlies nie)

Fisioterapeutiese verslag
('n Verskeidenheid van probleme rondom fynspier- en growwespiermotoriek)

Arbeidsterapeutiese verslag
(Beduidende onderontwikkelde perseptuele vaardighede)

Sielkundige evalueringsverslae
(Beide met I.K.-tellings waar daar 'n beduidende verskil tussen die verbale en nieverbale tellings is. Die twee totale tellings in die onderskeie verslae verskil met 40 punte!)

'n Skoolgereedheidsverslag
(Kommer oor die kind se skoolrypheid word verwoord)

Skoolkliniekverslae
(Probleme met lees-, spel- en rekenvaardighede blyk duidelik)

Toetsing en evaluerings is dikwels geregverdig en belangrik. Kundige en toegewyde mense wy hulle lewe aan die daarstel van kriteria waarvolgens belangrike diagnoses gemaak kan word, plasings gedoen kan word en behandelingsprogramme saamgestel kan word.

Kom ons besin net vir 'n rukkie saam oor wat toetse is en wat gebeur met Johan, met 'n mens, wat aan herhaalde toetsings blootgestel word.

Die waarde en beperkings van toetse

Ons toets so graag, want ons kompeteer so graag.

Vul jy die vraelyste in vrouetydskrifte in, waarvolgens jy bepaal of jy 'n goeie huweliksmaat is, seksueel volgens die gemiddelde persoon funksioneer, of jy geneig is tot depressiwiteit? Ons doen hierdie dinge waarskynlik omdat ons volgens eksterne kriteria wil bepaal of ons goed genoeg is, of ons normaal is.

Wanneer ons na die foto's van die vakansie kyk, soek ons eerste daardie foto's waarop ons self verskyn. Dit is byna asof ons nie weet hoe ons lyk nie – nie ons binnekant of ons buitekant nie.

Toetse, in watter vorm ook al, reflekteer iets van onsself – of dit nou 'n vermoë, kennis, 'n vaardigheid of 'n houding is, maak nie saak nie. Belangrik om te onthou, is miskien dat dit "iets", 'n "faset" reflekteer – en nie altyd akkuraat nie. Daar is dinge soos betroubaarheid en geldigheid wat toetse meer of minder effektief maak, maar ek gaan jou nie nou daarmee bemoei nie.

Sou jy of ek nou, terwyl ons van geen dringende fisieke ongemak bewus is nie, vir 'n reeks mediese toetse gaan, sal ons waarskynlik siek begin voel. Dit is onwaarskynlik dat 'n reeks bloedtoetse geen telling wat buite die normale grense lê, sal oplewer nie. Daar is op enige gegewe oomblik iets fout êrens met elke mens. Wanneer daardie afwyking in 'n toets opgespoor word, fokus ons daarop en ons reageer sielkundig daarop.

Watter boodskap kry die kind wat aan toets na toets, wat elkeen 'n klomp foute uitwys, blootgestel word? "Ek makeer iets" word "ek makeer iets ernstigs" word "ek kan nie" en "ek is bang". Jy praat oor die verslae met jou man, met die onderwyser en vriende en jou kind hoor gewoonlik meer as waarvan jy bewus is. In jou bespreking van hierdie verslae fokus jy ook gewoonlik op die uitvalle, op die probleme. Jou kind kry so brokkies inligting oor al sy foute, oor al die dinge wat hom "anders" maak. So word hierdie foute en swakhede versterk omdat 'n kind nie kan doen wat hy nie glo hy kan doen nie – hy kan nie waag in dit waarin hy nie vertroue het nie.

Wanneer 'n toets net 'n vonnis fel, 'n swakheid uitwys, is dit teenproduktief. Ons hanteer toetsresultate dikwels so dat al funksie wat hulle kan vervul, is om te voorspel wat die kind nie kan doen nie. Onthou dat jou kind se vermoëns en kragte veel verder strek as die spesifieke onvermoëns wat die toets uitwys, en selfs as al die fasette deur die toets geëvalueer word.

Dit is vir my verstommend dat dit mode geword het dat die ouer toegang verkry tot sy kind se I.K.-telling en dan daarmee te koop loop. Dit is ook baie gevaarlik omdat die ouer hierdie telling as voorspeller van prestasie en ook sommer van algemene funksionering beskou. Die I.K.-telling is nie dit nie. Party kinders met 'n I.K-telling van 100 word mediese dokters en ander slaag nie matriek nie.

Dit is belangrik dat 'n kind soos Johan se intellektuele vermoë gemeet word sodat daar bepaal kan word of hy kognitief gestremd is of nie. Met die twee tellings wat verkry is en met veertig punte verskil, is dit belangrik om te weet dat 'n I.K.-telling aandui dat 'n kind se vermoë nie laer is as die gemete telling nie. Die implikasie is dat dit wel hoër kan wees. By Johan kyk ons dus na die hoogste telling as sy minimum vermoë. Dit gebeur wel baie selde dat daar so 'n groot verskil is tussen twee onderskeie tellings op dieselfde toets.

Jou kind is nie 'n I.K.-telling nie.

'n Belangrike punt oor onderskeie toetsings vanuit verskillende dissiplines is dit: Dit kom dikwels voor asof 'n kind talle probleme op verskillende vlakke het, terwyl al hierdie probleme aanverwante simptome is met een oorsaak.

Jy het dalk 'n pak verslae wat 'n vonnis fel oor jou kind se oogbewegings, sy gedrag, sy motoriese ontwikkeling, sy perseptuele vaardighede en lees-, spel- en rekenvaardighede terwyl dit vervang kan word deur een etiket: leerprobleem.

Hoofstuk 2

Leergeremd of verstandelik gestremd?

In die opvoedkunde word daar onderskei tussen verstandelike gestremdheid en leergeremdheid. Party navorsers onderskei ook tussen leergeremdheid en leergestremdheid. Leergestremdheid verwys na psigoneurologiese disfunksies wat nie noodwendig op 'n lae verstandelike vermoë dui nie. 'n Kind wat verstandelik gestremd is, is 'n kind met 'n kognitiewe gestremdheid – m.a.w. sy I.K.-telling is laer as 79. Kognitiewe gestremdheid kan voorkom as gevolg van breinskade wat in 'n ongeluk of tydens geboorte opgedoen word, of 'n kind word doodeenvoudig gebore met 'n kognitiewe gestremdheid. Dit kan geneties of oorerflik van aard wees. Soms word kognitief gestremde kinders gebore uit ouers wat albei 'n bogemiddelde, superieure of hoogsuperieure I.K.-telling het. Op meeste I.K.-toetse lê die gemiddelde telling tussen 90 en 110. Dit beteken dat plus-minus 50 persent van die bevolking se I.K.-telling binne daardie interval lê. Dit is belangrik dat jy sal onthou dat 'n I.K.-telling slegs beteken dat 'n persoon se vermoë nie laer is as die gemete telling nie. Daar is wonderlike verhale oor persone met 'n ondergemiddelde I.K.-telling wat doktorsgrade behaal het en hoogs suksesvol in hulle beroepe is.

Die verstandelik gestremde kind

Kognitief gestremde kinders is dikwels lieftallige kinders wat 'n normale, suksesvolle lewe kan lei. Daar is skole vir kognitief gestremdes waar wonderlike werk verrig word in die opleiding van hierdie kinders in bepaalde vaardighede waarin hulle 'n goeie aanleg toon. Die skole poog ook sover moontlik om vir sulke kinders uiteindelik 'n werk te kry waarin hulle hulle vaardighede kan aanwend en geaktualiseerd kan leef. Dit is uiters belangrik dat kognitief gestremde kinders in 'n onderrig- en werksmilieu geplaas word waar daar nie onrealistiese hoë eise aan hulle gestel sal word nie. 'n Misplaaste verstandelik gestremde kind kry daagliks die boodskap dat hy nie goed genoeg is nie in plaas daarvan dat daar op sy betrokke vaardighede gefokus word. Ek stel my voor dat dit min of meer sal wees soos wanneer 'n baie suksesvolle loodgieter gedwing word om Latyn aan 'n universiteit te doseer. Wat sal van jou as mediese praktisyn of huisvrou word as jou sukses gemeet word aan die kwaliteit huise wat jy moet bou? Alle mense kan bepaalde dinge nie doen nie. Dit is elke mens se reg om dit wat hy kan doen, goed te doen – nie volgens ander se verwagtinge of eise nie, maar volgens sy eie talente en behoeftes. Die prys van hout word bepaal deur die tipe en die kwaliteit; graan word per gewig verkoop; die skoonheid van die Kalahari lê in sy wit en rooi duine terwyl die Oos-Kaap se wonderlike sterk berge ons laat voel "ja, God is hier". In 'n Karoonag word ons stil voor die groter stiltes van die vlaktes en God is daar. M. Scott Peck sê "God is a God of diversity." Elke mens het 'n plek waar daar vir hom 'n regverdige maatstaf is, waar hy nie as "te lig" bevind sal word nie.

Die leergeremde kind

Die leergeremde kind is nie dom nie.
Watter betekenis het ons aan daardie stempel wat "dom" spel, toegedig toe ons dit vervaardig het? Iemand wat nie oor 'n bepaalde vaardigheid beskik nie of verwys dit na 'n gebrek aan kennis? Ek kan nie waterski, viool speel of tande trek nie. Van argeologie, dinosourusse en ruimtetuie weet ek bitter min. Ek

kan talle vaardighede wat ek nog nie bemeester het nie, aanleer. Onderwerpe waaroor ek min of geen kennis beskik, kan ek bekom. Indien ek 'n bepaalde vrees of blokkasie (emosioneel of neurologies) oor enige van die betrokke vaardighede of onderwerpe sou hê, sou daar eers voorbereidingswerk gedoen moes word. Die leergeremde kind is 'n bietjie so of soos 'n ongebruikte rekenaar. Dit waarin hy vaardighede of kennis moet aanleer, hou ongelukkig nie verband met onderwerpe wat so ver soos die ruimte van ons leefwêreld verwyder is nie. Daarom het ons vir hom die etiket gegee: leergeremd. Dit wat hy veronderstel is om te leer, die vaardighede waaroor hy moet beskik om bepaalde dinge te kan leer alvorens ons sy lewensboek stempel met "suksesvol" of "toppresteerder" volgens die kriteria wat ons daar gestel het om te kwalifiseer – in daardie dinge het hy 'n tydelike onvermoë.

Die leergeremde het 'n gemiddelde of bogemiddelde I.K.-telling. Oor wat intelligensie is en oor wat intelligensietoetse nie meet nie, kan ons baie lank debatteer. Vir ons doel is dit belangrik om te weet dat die leergeremde kind oor die vermoë beskik om goed te kan presteer en om aan 'n tersiêre inrigting te kan studeer. Dit is so volgens die kriteria wat ons daargestel het vir intelligensie en volgens die standaarde van skole en tersiêre inrigtings se sillabusse.

Intelligensie is natuurlik nie al voorwaarde vir prestasie en studiesukses nie. Daar kom dinge by soos omgewingsfaktore, houdingsgesindheid en talle dinge wat te make het met die persoon se persoonlikheid. Die feit bly egter staan dat die leergeremde kind oor die intellektuele vermoë beskik om suksesvol te kan leer.

Ek gebruik graag die beeld van 'n onderbenutte rekenaar om die verskil tussen wat 'n leergeremde kind kan bereik en dit wat hy inderdaad bereik, te illustreer. So baie van ons is bang vir 'n rekenaar en glo dat 'n mens oor vreeslik baie kennis moet beskik alvorens jy 'n knoppie durf druk. Dalk vee ons alle inligting op die rekenaar af of dalk wat? Ons probeer nie, want ons glo ons kan nie – soos die kind met leerprobleme dikwels glo dat hy nie kan nie. Die hardeskyf van die rekenaar is gelaai met bepaalde programme. Al die vaardighede wat nodig is om bepaalde funksies te kan verrig, is daar. Die funksies om te leer lees, spel en reken is teenwoordig in die brein – die rekenaar – van die leergeremde kind. Omdat jy nie die kodewoord ken wat toegang verleen tot 'n bepaalde program nie, of omdat die sleutelbord gesluit is en jy nie weet waar om dit te ontsluit nie, kan jy nie toegang verkry tot die bepaalde funksies wat 'n program kan verrig nie.

Dalk het jy leer tik op een program. Daar is ook verskeie ander programme op die rekenaar wat jy vir die doel kan aanwend. Daardie programme kan bv. spelfoute opspoor, verskeie gedeeltes skuinsdruk, in 'n verskeidenheid van lettertipes die getikte teks uitdruk, berekeninge doen, maar jy volstaan by die een, minder gesofistikeerde program, want dit is waarmee jy bekend is. Dit is jou rekenaar met verskeie programme wat jy kan benut, maar om een van 'n verskeidenheid moontlike redes gaan jy nie by die ander programme in nie.

By die leergeremde kind moet ons vasstel watter funksies dit is waartoe hy nie toegang het om 'n bepaalde vaardigheid aan te leer nie. Wat gebruik hy nie? Wat hoor hy nie of sien hy nie? Watter kodewoord ontbreek? Watter basiese instruksies het hy nie gehoor of is nie aan hom oorgedra wat hom in staat kan stel om byvoorbeeld in 'n bepaalde spoed te lees of om die aanvangsklanke in woorde te hoor of om tussen bepaalde vorms te kan onderskei nie? Hy maak bv. gebruik van een program of een funksie nl. sy visuele geheue om woorde te kan spel. Hy oorbenut hierdie funksie en onthou later alles wat hy sien of dalk net alles wat hy hoor. Die ander programme of funksies wat hom in staat kan stel om ook woorde wat hy nie gesien het nie, te kan spel of onthou, ook dit wat hy gelees het en nie net dit wat hy gesien het nie, tot daardie funksies het hy om die een of ander rede nie toegang nie. Om te bepaal waartoe, tot watter programme die kind nie toegang het nie, is dikwels belangriker as om te bepaal om watter rede hy nie toegang het nie.

Bekende vroeë of aanvangsimptome van die leergeremde kind

Lompheid is een van die eerste sigbare simptome van die leergeremde kind. Daar is dikwels 'n geskiedenis van lae spiertonus, swak ontwikkeling van fyn- en/of grootspiermotoriek. 'n Gevolg hiervan is dat ontwikkelingsmylpale laat behaal word. Ma raak onrustig, want op twaalf maande toon haar kind nog geen tekens van begin stap nie. Op vier jaar kan sy nog nie op een been balanseer nie en op vyfjarige ouderdom kan sy nog nie op 'n reguit lyn stap nie.

Ontwikkelingsmylpale van 0 maande tot 6 jaar is deur 'n navorsingspan verbonde aan die Universiteit van Kaapstad saamgestel en word op plakkate by kinderklinieke en hospitale aangebring. Jy is waarskynlik goed bekend met hierdie plakkate en beoordeel jou kind se ontwikkeling volgens die kriteria tydens elke

3 Jaar

Knip met 'n skêr

Skop 'n bal

Klim, een voet per trap

4 Jaar	5 Jaar
Was hande	Natrek van simbole
Bou met detail	Bou van 6-kubus trap
Eet met mes en vurk	Aantrek en uittrek
Balanseer vir 3-5 sekondes op een voet	Loop op 'n smal lyn

6 Jaar

Bou 'n 10-kubus trap

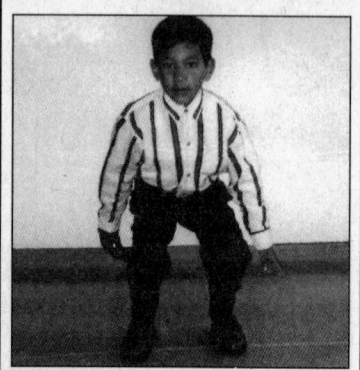

Staan op sonder gebruik van hande

Loop op 'n reguit lyn

besoek aan 'n kinderkliniek. Ons volstaan by 'n bondige uiteensetting van die ontwikkelingsmylpale van 3 tot 6 jaar.

Wanneer bogenoemde mylpale nie betyds bereik word nie, begin die ondersoeke gewoonlik. Die versameling toetsverslae begin. Ma neem Vicky na die fisioterapeut, 'n arbeidsterapeut, 'n pediater, 'n sielkundige en 'n spraakte-rapeut. Neurologies is daar geen fout nie. Vicky leer legkaarte bou, inkleur, sy praat duideliker, sy kan knip en plak en 'n bal vang.

Ma hou haar kind fyn dop. Sy sien dat haar kind sekere aktiwiteite vermy. Vicky sal byvoorbeeld heeldag buite speel en ongelukkig wees wanneer haar maatjies wil prentjies inkleur of met haar nuwe opvoedkundige speletjie wil speel. So sal Henry weer eerder rekenaarspeletjies speel as om saam met sy vriende te gaan swem of bal speel. Daar is 'n vae ongemak by die ma oor haar kind. Die kind word aangespoor om die dinge wat hy nie wil doen nie, te doen. Ma probeer geskikte maatjies identifiseer wat haar kind sal motiveer om meer of minder aktief te wees in bepaalde dinge. Die konflik wat tussen die ma en die leergeremde kind bestaan, begin gewoonlik reeds hier. Dit is ongetwyfeld so dat elke kind bepaalde voorkeure en afkere het. Wanneer 'n kind 'n bepaalde tipe aktiwiteit vermy sonder dat dit 'n onderliggende onvermoë impliseer, is daar gewoonlik nie die intuïtiewe onrustigheid by die ma aanwesig nie.

Ons bereik die volgende probleemtyd. Vicky moet skool toe of moet sy nie? Sy is 'n "grensgeval". Met 'n bietjie addisionele stimulasie behoort sy skoolgereed te wees teen Januarie. Ons het al almal gesien watter reuseveranderinge intree tussen Oktober en Januarie. Ma lees boeke en koop opvoedkundige speletjies. In Desember koop sy skoolklere. Vicky se skoolloopbaan begin.

Vir die eerste paar weke wag ma half gespanne op terugvoer van die skool. Daar kom geen briefie met slegte tyding in Vicky se skooltas terug nie. Ma ontspan – sy was verniet bekommerd. Die sorgvrye tyd is van korte duur.

Formele onderrig in spel-, skryf- en rekenvaardighede neem in die tweede helfte van die eerste skooljaar 'n aanvang. Die onderwyser herken die simptome van leerprobleme in Vicky se spel- en lees- of rekenvaardighede. Sy verwar die "b" met die "d", letters word agterstevoor of onderstebo geskryf en sy lees "kat" waar daar "tak" staan. Daar is natuurlik talle variasies van die erns van hierdie "uitval".

Ek oorvereenvoudig geweldig. Ek vind dit dikwels funksioneel om te midde van 'n komplekse saak elementêr te dink. Ek reduseer die kind met leerprobleme hier tot 'n aantal simptome, sodat ons binne die kompleksiteit van die interaksie tussen die ma en die kind en die kind en sy totale leefwêreld hom net eers sal raak sien. Hoe gouer ons die diagnose van "leergeremd" kan maak, hoe gouer kan ons duisende ander etikette wat op so 'n kind geplak word, verwyder. Oor die "sluier" of gedragskostuum waarbinne hierdie simptome verdoesel is, sal ek later skryf. Die duidelikste waarneembare vroeë of aanvangsimptome van die leergeremde kind presenteer op twee vlakke, nl. die voorskoolse of informele vlak en op formele of onderrigsvlak. 'n Vereenvoudigde opsomming van die aanvangsimptome sou so iets kon lyk:

1. Informele vlak

1.1 Lompheid
1.1.1. Lae spiertonus
1.1.2. Swak fynspiervaardigheid (inkleur, knip en plak)
1.1.3. Swak growwespiervaardigheid (bal vang, balans)
1.2 Ruimtelike oriëntasieversteuring (links/regs) verwarring, plasing, die natrek van patrone
1.3 Twyfel rondom skoolgereedheid.

2. Formele vlak

2.1 Letter- en klankverwarring (bv. b/d; u/v; m/w)
2.2 Omkering van letters (bv. e a)
2.3 Lees van agter na voor (bv. "kat" vir "tak")

Ek wil dit egter benadruk dat 'n lomp kind nie gelykstaande is aan 'n kind met leerprobleme nie. 'n Kind wat 'n "b" en 'n "d" verwar, is nie leergeremd nie. Wanneer 'n kind op voorskoolse vlak vir skoolgereedheid geëvalueer word en daar bestaan twyfel, beteken dit nie dat daardie kind leerprobleme het nie. Dit is waar soos wat dit waar is dat 'n loopneus nie 'n bewys van 'n griepvirus is nie. Wanneer daar spore is van al bogenoemde simptome of tekens deur die eerste sewe lewensjare van die kind, en die ma weet deurentyd intuïtief dat haar kind "iets makeer", dan is die moontlikheid van 'n leerprobleem groot. En as jy jouself nou daar bevind, dan is jy gelukkig. 'n Leerprobleem wat so vroeg geïdentifiseer word, is maklik regstelbaar.

Ek verwys jou na die inleiding waarin ek skryf oor die dinge wat vir ons logies voorkom, maar wat nie inherente logiese waarde het nie. Wanneer 'n kind sy naam agterstevoor skryf wanneer hy begin skryf, is dit nog lank nie rede tot kommer nie. 'n Kind moet aanleer dat ons in ons kultuur van links na regs lees en skryf en dat ons letters op 'n bepaalde manier vorm. Wanneer die kind dit egter nie aanleer nie, terwyl hy nie kognitief gestremd is nie, is daar fout met hoe die kind sy wêreld sien en/of hoor. Die bepaalde wankonsep kan vasgestel en reggestel word, indien die kind nie kognitief gestremd is nie. Leerprobleme is 'n algemene verskynsel. Dit kom by minstens een uit elke sewe laerskoolkinders voor.

Baie min dinge rondom menslike gedrag is klinkklaar. Selfs al skei ons die mens se gedrag van sy liggaam en evalueer sy liggaam klinies, is dit soms moeilik om 'n diagnose te maak. 'n Persoon kan blaasontsteking hê en presenteer met simptome van griep.

Wanneer ons menslike gedrag begin evalueer, is die simptome dikwels vaag en verwarrend. Die aanvangsimptome van 'n kind met leerprobleme is meestal nie so duidelik herkenbaar soos ek hierbo uiteengesit het nie. By party kinders is daardie tekens sigbaar, veral as 'n mens terugtree uit die stofwolk en kyk. Laat ons minstens die tekens wat relatief maklik herkenbaar is, probeer raak sien.

Die kind met leerprobleme het nie net probleme nie en toon, soos enige mens, nie net simptome nie. Johan, Vicky is mens, kind met gewoontes, talente, passies, vrese, vreugdes, emosies, behoeftes en "whatever little girls and little boys are made of". Die simptome van leergeremdheid is noodwendig verstrengel met en verdoesel deur die normale kinddinge. En dan is daar die tweede sluier of masker wat die leerprobleem "wegsteek", die van die kind se gedrag as gevolg van die leerprobleme wat die stofwolk waarbinne ons die kind moet herken, nog digter maak. En partykeer skop hulle behoorlik stof op! Hulle is gefrustreer en kwaad of buierig of toon 'n gedragspatroon van die volledige spektrum van menslike gedrag wat as rookskerm of uiting van frustrasie kan dien.

Tyd, ervaring en inligting van ouers het my geleer dat daardie sluiers of gedragskostuums tog ook sekere ooreenstemmende kenmerke het. Die gedrag waarbinne die kind met leerprobleme versteek is, is dikwels die rede waarom sulke kinders laat geïdentifiseer word of dikwels glad nie geïdentifiseer word nie.

Hoofstuk 3

Waarom word die kind met leerprobleme laat geïdentifiseer?

Die lewe is 'n gespartel. En wanneer ons grootword, spartel ons nog meer – selfs onder normale omstandighede. Ons spartel om by te kom by al die dinge wat te hoog is of buite ons bereik is. Selfs die deure se handvatsels is te hoog! Ons moet 'n te groot stoel nader trek, wat amper te swaar is en met moeite daarop klim om by te kom.

'n Vriendin vertel die volgende van haar baie interessante staaltjies: So op reis van hotel na herberg, waar sy toeriste oplaai vir 'n dag se toer, sien sy eendag tortelduiwe wat nie rustig in 'n boom sit en koer nie. 'n Groot tortelduif is besig om dringend met 'n kleiner duifie te kommunikeer. Sy dink eers dis 'n tortelduif en 'n rooiborsduifie wat oor iets verskil. Die interaksie blyk toe opvoedkundig van aard te wees en sy sien dat die rooiborsduifie 'n klein tortelduifie is.

Die klein duifie is lomp en onbeholpe. Hy sit met kort beentjies en wit wolboude met donsvere in alle rigtings, langs 'n besige pad. Motors en busse jaag rakelings by hom verby. Hy skarrel onbeholpe diekant toe dan daaikant toe. Sy ma roep en skree – benoud oor haar kind se lot. Heleen dink: "Ag toggie, hoe gaan die kind ooit grootword? Sy beentjies beter bitter vinnig groei en hy moet nog vinniger leer vlieg!"

So te midde van die grootwordproses met sy eie inherente gevare en normale gesukkel, is 'n afvlerk nie so opsigtelik nie. Is die desperate lomp gewaggel van die duifie om oor die weg te kom en uit die weg van die gevaar, 'n normale gesukkel van 'n klein duifie wat nog nie rats kan beweeg of sy vlerkie kan gebruik nie? Sukkel hy dalk so omdat daar fout is êrens – 'n besering, 'n afvlerk of beentjies wat nie ontwikkel het soos hulle moes nie? Val my kind omdat hy lomp is, of omdat hy 'n gesonde waaghouding het?

Net soos enige mens steek 'n kind boonop sy swakhede of foute weg so goed hy kan. Hoe intelligenter die kind, hoe meer kreatief is hy in die metodes wat hy aanwend om die foute te verdoesel. Ek werk met talle kinders wat tot st. 2 of selfs st. 3-vlak gevorder het, sonder dat hulle ooit leer lees het. Hulle kan woorde herken wat hulle gememoriseer het, ja, maar hulle kan nie lees nie.

'n Blinde persoon hoor baie goed. Sy gehoor en ander sintuie raak so verfyn as gevolg van optimale benutting dat 'n mens 'n blinde wat in 'n bekende omgewing beweeg, dikwels nie uitken nie.

Van 'n kind in sy eerste drie of vier skooljare word hoofsaaklik verwag om woorde aan te wend en berekeninge te doen waaraan hy herhaalde kere op visuele vlak (dit wat hy sien) en ouditiewe vlak (dit wat hy hoor) blootgestel is. Hy kan dus argumentshalwe die woord "katte" korrek spel en weet dat 4+5=9 omdat hy op of sy visuele of sy ouditiewe geheue staatmaak, sonder dat hy al die ander breinfunksies wat in die gedrang is om dit te kan "verstaan", aanwend.

Teen die tyd wanneer die kind geïdentifiseer word as een met 'n spel- of lees- of rekenprobleem, word so 'n kind gewoonlik geëvalueer. Daar word bevind dat sy leesvaardigheid twaalf maande onder standaard is of dat sy spelouderdom sewe jaar is terwyl sy chronologiese of werklike ouderdom elf jaar is. 'n Perseptuele ondersoek is nooit gedoen nie, want die kind het vir sy "swakker" of onontwikkelde perseptuele vaardighede gekompenseer met een of meer van talle ander goed ontwikkelde perseptuele vaardighede. Niemand het agtergekom dat die betrokke kind bv. nie die onderskeie klanke in 'n woord kan hoor nie. Die kind kan dus nie woorde in onderskeie klanke opbreek en weer saamvoeg tot een woord nie. Hy kan dus nie analiseer of sintetiseer nie.

Daar is verskeie visuele en ouditiewe perseptuele vaardighede wat voorvereistes is vir leer lees, spel en reken. Omdat die kind "slim" is, kan hy 'n bepaalde onvermoë wegsteek deur op sterker vermoëns staat te maak tot op 'n sekere vlak.

Daardie kind wie se lees- en spelvaardighede of rekenvaardighede in st. 2 of 3 skielik onder standaard is, is nie dom nie, hoort nie in 'n spesiale skool nie en is beslis nie disleksies nie. Die spel- of lees- of rekenprobleem is meestal 'n blote simptoom van 'n perseptuele uitval. Jou kind, mevrou, het 'n leerprobleem en 'n leerprobleem is regstelbaar.

Meer oor die "sluier" van die leergeremde kind

Van die gesprekke wat ek met duisende moeders van kinders met leerprobleme gevoer het, het meeste soos volg begin: "Ek het reeds toe my kind in gr. 1 was, geweet iets is fout." Party ouers het dit reeds voor hulle kind skool toe is, vermoed. Die meeste ouers kom klop aan om hulp wanneer hulle kind in st. 2 of 3 is. Dit is nie omdat hulle met hande gevou gesit het nie – moet nie 'n fout maak nie. In hierdie stadium is die kind al deur verskeie ondersoeke en evaluasies. Die ma moes al 'n vrag pyn en 'n berg magteloosheid verteer. Die kind het hom 'n rebelkostuum aangetrek of sy lyk soos 'n skaduwee. Maar oor die ma en die kind se pyn praat ons later.

Die kind met 'n leerprobleem word gewoonlik getipeer as 'n onderpresteerder. Op haar rapport staan die volgende: "Janet moet harder werk. Sy kan baie beter presteer" of "Geluk met die onderskeiding in wiskunde, Herman. Jy moet skouer aan die wiel sit vir die Afrikaans." Miskien klink dit bekend: "Marius is lui. Hy kan baie beter punte behaal" of "Pragtige werk, Sunette. Ons moet nou net iets doen aan daardie wiskunde."

Die onderwyser, soos die ma, weet dat die kind se prestasie

nie sy vermoë weerspieël nie. Die kind kan inderdaad beter presteer, maar nie op hierdie punt sonder hulp nie. Ja, dit is inderdaad so dat 'n kind met 'n leerprobleem dikwels goed of bogemiddeld in of reken- of taalvaardighede presteer en baie swak in die ander.

Gedrag as rookskerm – tornado of skaduwee?

In die aanvangsonderhoud met die ouer vra ek uit na die kind se gedrag. Sosialiseer hy goed? Hoe lyk sy verhoudinge met sy portuurgroep en met sy ouers? Is daar klagtes vanaf die skool oor sy gedrag?

Ek deel met jou inligting in dié verband oor 'n paar kinders wat my weg gekruis het. Hulle word vir ons doel verteenwoordigers van die gedrag van duisende ander, sodat jy agter die rookskerms wat verskillende vorms aanneem, die kind wat die rookwolk maak, kan herken. Ek kies uiteenlopende "gevalle" van wie elkeen se gedrag in breë trekke ooreenstem met talle ander met wie ons daagliks werk. Ek fokus op die "klagtes", op die negatiewe aspekte van hierdie kinders se gedrag. Ek doen dit bloot omdat die hulpkrete en die nood van hierdie kinders gewoonlik veral hierin gehoor kan word. Dit is my oortuiging dat so 'n kind nooit tot 'n vonnis van "stout" of "lui", "vergeetagtig", "aggressief" of enige ander negatiewe etiket, gereduseer moet word nie.

Binne die kind wat nie na sy vermoë presteer nie, is daar 'n bondel frustrasie, magteloosheid en vrees wat hy saamdra. Party skiet boodskappyle uit na die mense rondom hulle. Ons, die mense om hulle, reageer op die pyn waar daardie pyl tref. Ons lees nie die boodskap nie. Ander weer rig hulle frustrasie na binne en verwond hulleself daarmee.

Andrew die tornado

Andrew is agt jaar oud. Sy ma is bleek en moeg. In desperaatheid het sy medikasie begin neem om minder akuut bewus te wees van die chaos in haar lewe wat Andrew veroorsaak. Sy is 'n alleenma met twee voorbeeldige tienerdogters – en Andrew.

Na die onderhoud met Andrew se ma was die wagkamer herrangskik. Stoele was omgekeer en bladsye uit boeke het gesaai gelê oor die vloer. Hy het oënskynlik onversteurd met sy vernietigingsproses voortgegaan toe ons uit die onderhoudskamer gestap kom. "Wat nou?" het ek gedink. 'n Kop aan kop botsing met 'n kind wat deur negatiewe gedrag aandag op hom vestig, het ek geleer, werk nie.

Ek het naby Andrew op die mat gaan sit en ons verhouding het begin.

Die inligting wat Andrew se ma my oor sy gedrag gegee het, was ontstellend. "He used to be such a sweet child" en die feit dat sy probleemgedrag begin het kort nadat hy skool toe is, het my laat besluit om met hom te werk. Ek sou hom vir spelterapie ook verwys indien nodig, maar ek moes uitvind in watter mate sy frustrasie verband hou met die onderriggebeure.

Andrew het graag sy ma gehelp met werkies in en om die huis voordat hy skool toe is. Hy het help wasgoed ophang, die honde geborsel en hy was lief om plantjies of eintlik min of meer enigiets, te plant. Andrew het baie van stories gehou – veral snaakse stories. Wanneer hy 'n band met kinderliedjies as geskenk kry, het hy oor en oor daarna geluister en spoedig die liedjies leer ken en saamgesing.

Daar was geen tekens van aggressie of van 'n slaapsteurnis in sy vroeë gedrag wat ek kon aflei nie.

Die prentjie het heel anders gelyk die dag toe Andrew en sy ma by die kliniek opdaag. Hy het geweier om alleen te slaap en was baie destruktief. Soms, oor naweke, het hy wel in sy bed aan die slaap geraak, maar dan het hy sy ma in die middel van die nag of donkeroggend verwytend kom wakker skud.

Die naweke wat hy by sy pa deurbring, is hy skynbaar die voorbeeldigheid self. Wanneer hy tuiskom, is hy vir 'n rukkie afsydig en stil en dan bars 'n storm los. Andrew se pa beskuldig mev. James daarvan dat sy nie haar kind kan dissiplineer nie. Hulle is geskei toe Andrew drie jaar oud is.

Andrew se gr. 1-onderwyseres het daarop aangedring dat mev. James vir hom 'n voorskrif kry vir medikasie vir hiperaktiwiteit. Mev. James was verbaas. Sy het Andrew uitgevra na sy gedrag en die huismoles het begin. Andrew het byna oornag verander. Sy huis was nie meer vir hom 'n veilige hawe nie. Sy huis en sy ma en susters het deel geword van die wêreld wat hom bedreig en aan hom eise stel. Hy het die skool huis toe gebring en sy frustrasies rondom skool en skoolwerk in penstrepe op mure en glase uitgewoed (uitgespel?) – of so het ek afgelei.

Die oggend nadat Andrew se ma hom gekonfronteer het met sy juffrou se klagtes, het hy van maagpyn gekla en wou om die dood nie skool toe nie. Van daardie oggend af was dit elke dag 'n gestoei en gespartel om Andrew by die skool te kry.

In die middae na skool jaag Andrew as brullende motor of vliegtuig deur elke vertrek in die huis en ignoreer enige opdrag of vraag van sy ma. Verken hy so die huis veilig binne 'n voertuig omdat hy vrees dat sy sekuriteit versteur is? Maar waarom verwoes hy dan sy sekuriteit? Dalk om te verhoed dat iemand anders dit kan doen. Ek weet nie. Dalk omdat hy vry is om daar sy frustrasie uit te leef, terwyl hy bv. nie daardie vryheid by sy pa se huis durf neem nie.

In die middae probeer hy skynbaar baie hard om dit vir sy susters onmoontlik te maak om skoolwerk te doen. Hy bekrap hulle boeke, sny tydskrifte aan flarde en strooi dit in hulle kamer rond. Hy maak soveel lawaai moontlik. Andrew se ma moes haar werk bedank en 'n halfdagpos aanvaar om tot haar dogters se redding te probeer kom.

Mev. James kon geen taak meer onversteurd verrig nie.

Andrew het elke minuut van haar tyd opgeëis. Soms sê sy is dit asof Andrew veilig voel en dan raak hy weg in 'n wêreld van sy eie, totdat hy opmerk dat sy die tydjie benut om gou 'n taak te verrig. Hy sal haar dan stormloop en in 'n woedebui aan haar ruk en pluk. Al tyd wanneer daar vrede in die huis is, is wanneer hy saans by haar in die bed lê en luister na 'n storie wat sy vertel. Sy mag ook nie meer, soos vroeër, 'n storie voorlees nie.

Gedurende skoolvakansies het dinge gekalmeer. Daar is wel dan en wan 'n uitbarsting, maar dit was veral nadat Andrew by sy pa gaan kuier het. Die huisgesin het so goed soos wat 'n mens nou maar seker kan, aangepas by die stormagtige toestande.

Dit is eintlik wonderlik hoedat 'n huisgesin kan aanpas en kan oorleef binne omstandighede wat van buite ondraaglik lyk. Hulle doen dit om te oorleef, ja, maar ook, dink ek, omdat hulle liefhet.

Dit laat my dink aan een van Buscaglia se wedervaringe waaroor hy in sy boek *Love* skryf. Hy het Kambodja besoek waar hy tussen die mense gaan woon het wat aan die oewers van die Tonte Sap-meer woon en werk. Een maal per jaar in die reënseisoen is daar passaatwinde en monsoene wat die dorpies laat oorspoel. Al hulle besittings, en selfs hulle wonings word die riviere en mere ingespoel. Hierdie mense het by hulle omstandighede aangepas deur klein tydelike hutjies te bou. Net voor die reënseisoen bou hulle familievlotte waarop hulle met die minimum besittings vir ses maande van die jaar oorleef. Vir meeste van ons is die omstandighede waarby hulle aangepas het, ondenkbaar. Waarom woon nie net die broodwinner tydens die reënseisoen na aan sy werkplek en gaan terug na sy permanente vesting waar die res van sy gesin op veilige droë grond bly nie? Waarom werp die gesin die tornado met die naam Andrew nie net in 'n kosskool of 'n spesiale skool en ontvang hom weer tydens vakansietye, wanneer hy kalmer is nie?

Bo en behalwe die verskriklike ontwrigting in die huishouding waarmee hulle toe al vir 'n jaar en 'n half mee moes saamleef, het die skool mev. James laat weet dat Andrew gr. 2 waarskynlik sou moes herhaal. Dit is waarom hulle by my was.

Terwyl ek so op die mat naby Andrew die tornado gesit het, het ek my keuses oorweeg. Ek moet hom evalueer as ek wil bepaal in watter mate sy frustrasie met skoolwerk verband hou. 'n Tornado woed een of ander tyd uit ook, het ek gedink. Toe dit blyk dat dit nie noodwendig die geval is nie, of toe dit nie gou genoeg na my sin gebeur nie, het ek besluit om in te tree. Ek kon die streng dissipline wat sy pa stel as riglyne neem. Hy is net 'n agtjarige kind – ek kan dus my wil, my voorskrifte en reëls aan hom opdwing. Ek kan dit selfs regverdig deur te veronderstel dat hy juis na grense vra. Kinders doen dit omtrent altyd – hulle toets die grense. Ek het na sy geïsoleerde handelinge gekyk om die boodskap van sy gedrag te verstaan – waarom klim hy nou op daardie rooi stoel; waarom gebruik hy 'n rooi kryt om 'n bladsy te bekrap. Ek het sy gedrag globaal beskou om 'n antwoord daar te vind. Ek het myself betrap dat ek verklarings probeer vind omdat ek onseker was, bang was. Ek wou die toetrede uitstel. Ek moes bloot net uitreik. Ek kan my gesagsposisie, wat vinnig besig was om te kwyn, misbruik en 'n interaksie afdwing. Ek kon ook in liefde toetree – eerlik en toeganklik wees. Ek het my deur my intuïsie laat lei en ingespring. Ek het 'n storie begin vertel – sommer 'n storie soos dit in my gedagtes ontvou het.

Andrew is geëvalueer. Dit was nie maklik nie, maar ek het 'n vertrekpunt gekry. Die essensiële dinge waaraan ek moes werk, het eers veel later aan die lig gekom.

Sy daaglikse uur by my het die bonus van 'n ruskans vir sy ma gehad. Sy't dikwels in die wagkamer aan die slaap geraak.

Soms het Andrew ingehardloop gekom, gretig om te begin met 'n aktiwiteit waarmee ons 'n vorige sessie afgesluit het. Menige maal het sy ma my moedeloos kom meedeel dat hy nie uit die motor wou klim nie. Ek was dikwels onseker oor die sukses of die waarde van my interaksie met Andrew. Ek het die illusie gekoester dat Andrew nie van my twyfel of my magtelose woede moes weet nie. Ek het gehoor mense sê 'n mens kan nie iets vir 'n kind wegsteek nie. In Andrew het ek dit ervaar. Sodra ek iets anders gevoel het as wat ek gesê het, het hy my as onveilig beleef en van voor af weer al die grense getoets. Ek het geleer om vir hom te sê dat ten spyte daarvan dat ek moeg word en ongeduldig raak, ek hom werklik wil help.

Ek sal waarskynlik 'n boek oor Andrew kan skryf, maar hier gaan dit om sy gedrag as kind met 'n leerprobleem. Daar was baie bydraende faktore wat van hierdie kind 'n verwoester gemaak het. Daar is talle onopgeloste emosionele kwessies in Andrew se lewe wat dalk spontaan sal uitsorteer of dalk nie. Ek is nie 'n psigoterapeut nie en dit is nie my werk om na die oorsprong van al daardie dinge te grawe nie. My werk was wel om te bepaal in watter mate 'n leerblokkasie of die afwesigheid van 'n bepaalde vaardigheid sy gedrag beïnvloed.

Ek gaan nie hier in detail ingaan op die tref-en-trap-metodes en al die dinge wat ek in sy behandelingsprogram ingesluit het nie. By Andrew was die moeilikste deel om te bepaal wat dit is wat hy nie kon doen nie – watter basiese vaardigheid word daagliks van hom geëis wat hy nie kon gee nie. Die probleem was relatief maklik om reg te stel nadat ek dit gevind het. Vir Andrew was 'n letter en 'n woord dieselfde ding. Hy kon sy naam skryf toe hy vyf jaar oud was. Hy kon letters wat dieselfde lyk, uitken. Hy het die alfabet geken. Hy kon nie die klanke saamvoeg om woorde te vorm nie. Dit is nie 'n klassieke analise/sinteseprobleem nie. Hy kon wel legkaarte en beelde uitmekaarhaal en aanmekaarvoeg. Die konsep dat letters klankwaarde het en dat dieselfde letters gebruik word om verskillende woorde te vorm, het êrens in die onderrigproses nie posgevat nie. Ek het dit toevallig eendag agtergekom toe hy met trots aan my al die letters wat hy perfek geskryf het, kom wys het met "look at all the words I've written". Toe ek sê dat dit nie woorde is nie, het hy dit verwoed opgeskeur. Hy't dit waarskynlik al talle kere vantevore gesê, waarop ek en ander hom gekomplimenteer het. Hoe kan 'n "mooi hond" die volgende dag glad nie 'n hond wees nie? Dit is so dikwels die mees basiese dinge wat ons nie hoor en nie sien nie.

En ja, dit is so dat Andrew se gedrag soos nag by dag verander het. Ek vermoed hy het weer beheer gekry oor sy lewe waarin daar van hom verwag was om elke dag vir vyf uur van 'n "apple" 'n "nut" en 'n "tent" 'n "ant" te maak. Daardie absurde eise het eers net aan sy skoolwêreld behoort en hy het aanvanklik sy frustrasie daar uitgeleef. Na die gesprek tussen sy juffrou en sy ma, was sy ma ook ontsteld omdat hy dit nie kon doen nie. Sy wêreld by die huis wat tot dusver aan hom veiligheid en redelike eise gestel het, het ook verwarrend geraak. Dit wat hy gedink het konsekwent en herbergsaam was, het verander. Hy het sy frustrasie oor die inkonsekwentheid daar uitgewoed en waarskynlik ook die grense getoets. Hoe sterk is hierdie struktuur wat my moet beskerm waarvan die reëls nie vas is nie? As ek dit kan vernietig, kan dit mos nie baie veilig wees nie.

Hierdie prosesse van frustrasie uitwoed en die toets van grense, is natuurlik nie dinge wat die kind uitdink of wat hy op bewuste vlak doen nie. Hy word, soos sy gesin, slagoffer van sy gedrag, totdat dit nie meer nodig is vir hom om so op te tree nie. Wanneer 'n kind destruktiewe, aggressiewe of negatiewe gedrag toon soos Andrew, is dit gewoonlik in 'n poging om sy basiese oorlewingsbehoeftes aan liefde, aanvaarding en sekuriteit bevredig te kry.

Party kinders, het ek vroeër gesê, skiet nie pyle van verwoesting as boodskappe hulle wêreld in nie. Hulle breek nie af en verwoes soos 'n tornado nie. Party wat in emosionele nood verkeer as gevolg van 'n leerprobleem, raak soos skaduwees. Afbeeldings van hulself sluip stil en onseker rond. Ongelukkig moedig ons dikwels hierdie stil en oënskynlik voorbeeldige gedrag aan. Dit is baie makliker om 'n stil, skaam kind in 'n klasgroep van veertig te hanteer as een wat aanhoudend alles om hom ontwrig en sê, "Kyk hier, hier is ek, sien my." Ons sê "Patricia is 'n stil, voorbeeldige kind." Patricia se laerisikogedrag word so versterk. Daar word van haar verwag om stil en voorbeeldig te wees, so sy kan nie om hulp roep en spartel sodat iemand sal sien dat sy in die nood is nie.

Die voorbeeldige Louise

Ek het Louise eers in st. 6 leer ken. Louise het bitter min verstaan van wat sy gelees het en boonop het sy 'n gemiddelde persentasie van 20 in wiskunde gehandhaaf.

Die terugvoer van die onderwysers op laerskool tydens ouer-aande was altyd dieselfde – iets soos: "U het 'n voorbeeldige, goedgemanierde kind. 'n Mens vergeet partykeer dat sy in die klas is."

Louise het altyd agter in die klas gesit. Sy het nooit 'n vraag gevra nie en nooit 'n voetjie skeef gesit nie. Dit is amper asof sy nie sigbaar wou wees nie, het ek gedink. Haar boeke was baie netjies en sy het ure aan haar huiswerk bestee. Louise het nie eintlik vriende gehad nie. Sy was baie skaam as die gesin kuiermense ontvang het.

Louise se ma kan onthou dat Louise van st. 1 af gereeld siek geword het voor toetse. Hoofpyne is iets waarmee sy haar lewe lank worstel. Louise byt haar naels en sy was die oggend voor haar toetsing by die kliniek verskriklik gespanne. Haar ma het vertel dat sy nog altyd baie ma-vas was.

Op laerskool het Louise gemiddeld presteer. Sy moes egter baie hard werk om hierdie vlak van prestasie te handhaaf. Die ouers het hoë ideale vir hulle kind gekoester. Op laerskool is haar I.K. getoets en dit het hoog getoets. "Ons het nou maar daarby berus dat ons 'n gemiddelde kind het, wat nooit goed sal presteer nie. As sy maar tog net haar matriek kan slaag," sê mev. Smit.

Toe ek Louise begelei na die toetsingslokaal was haar onsekerheid en angs binne daardie eerste paar minute so opsigtelik dat dit vir my pynlik was om te aanskou.

Ek het my bes gedoen om haar angsvlak af te bring sodat ek 'n duideliker beeld van haar vermoëns en probleme kon kry. Ook natuurlik omdat ek haar van die ongemak wou verlos.

Dit was vir my baie duidelik dat Louise eintlik nie sigbaar wou wees nie. Tydens die toetsing het dit my opgeval dat hierdie kind geen waaghouding het nie. Wanneer ek van haar verwag om 'n bepaalde taak te verrig, besluit sy by voorbaat dat sy nie daartoe in staat is nie. Tydens die spoedtoetse het angs haar so oorweldig dat sy nie haar gedagtes aan die gang kon kry of haar aandag kon fokus nie.

Ek het haar uitgevra na hoe sy voel wanneer 'n eksamenvraestel voor haar neergesit word. "My maag pyn verskriklik en ek word naar. Ek vergeet alles wat ek geleer het. Ek wens dan net dat die tyd wil verbygaan sodat ek kan huis toe gaan."

Ek vra haar wat sy eendag wil word. "Ag, ek sal tog nie universiteit toe kan gaan nie. Ek sal seker in 'n bank gaan werk of so iets. Ek weet nie of ek die geld sal kan tel nie."

"Sê nou maar ons kan jou help om goed te presteer en jy kan enigiets word – 'n kunstenaar, 'n vlieënier (hier glimlag sy skaam), 'n dokter, 'n skeepskaptein, 'n musikant – wat sal jy kies?"

"Ag, wat help dit tog. Ek sal niks van daardie goed kan word nie."

Louise was nie 'n stil, voorbeeldige, goedgemanierde kind nie. Sy was 'n diep ongelukkige kind. Die lewe was vir haar 'n onveilige plek met eise waaraan sy nie kon voldoen nie. Sy het so min moontlik beweeg, gepraat – so min moontlik geleef. Sy was soos 'n skaduwee.

Sy wou niks droom of waag nie, om so die teleurstelling en die pyn van die wete "dat sy nie kan nie", te beperk. Sy het nie aan sport deelgeneem nie. Sy wou nooit eers saam met haar vriende êrens heen gaan nie. Hierdie laerisikogedrag van Louise het in st. 1 begin en toenemend erger geword.

Dit is baie moeilik om tydens 'n perseptuele ondersoek by 'n kind ouer as elf te bepaal watter perseptuele vaardighede onderontwikkel is. Teen daardie tyd het hulle gewoonlik vir die bepaalde uitvalle gekompenseer met ander sterker vermoëns.

Louise se uitvalle op visuele en ouditiewe opeenvolging was so erg dat ek dit gelukkig nog kon indentifiseer. Haar spelling was verbasend goed vir een met 'n opeenvolgingsprobleem. Sy het egter hoofsaaklik op haar geheue staatgemaak. Sy kon byvoorbeeld glad nie 'n reeks prentjies in 'n logiese volgorde rangskik nie. So kon sy ook nie 'n reeks deurmekaar geskommelde sinne in 'n storie wat sy gelees het, in logiese volgorde rangskik nie. Toe sy my moes vertel van 'n fliek wat sy gesien het, het sy in detail van duisende losstaande insidente vertel. Sy kon dit nie chronologies orden of verstaan dat die een insident aanleiding tot die volgende gee nie. Opeenvolging is 'n belangrike voorvereiste vir begripvorming en vir wiskundige vaardighede.

Ons het dadelik weggespring om sillabusgerig aan die wiskunde te werk. Ek het die beginsel van oorsaak en gevolg in alle denkbare vorme ingewerk in oefeninge, aktiwiteite, gesprekke en stories. Deurentyd het ek gefokus op bereikbare doelwitte wat Louise aangeteken het sodra hulle bereik is. Die grootste struikelblok in Louise se vordering was later dat sy net dit kon bereik wat sy volgens haar eie onderskatting van haar vermoëns geglo het sy kon bereik. Groot sprongs was dus nie moontlik nie. Ons het die bult stap vir stap uitgeklim – nou en dan gerus en besin oor die afstand wat ons reeds afgelê het.

Louise is twee jaar later 'n toppresteerder in wiskunde. Sy is nog skaam en huiwerig om nuwe dinge aan te pak. Ek glo dat dit sal verander binne 'n milieu waar mense wat lief is vir haar, sal besef dat sy soos een is wat nuut leer loop.

Oorsigtelike beskouing – die gedragskostuums van die leergeremde

Andrew die tornado se gedrag roep uit: Ek vertrou nie die standhoudendheid van die wêreld wat my moet beskerm nie! Ek is kwaad oor julle absurde eise! Ek is bang dat dit wat vas is, ook kan verander! Hier is ek – sien my, hoor my, help my.

Louise moet bestaan binne 'n wêreld waar haar volgende tree nie 'n logiese opeenvolging van die vorige is nie. Haar wêreld maak nie vir haar sin nie. Sy glo dat daar fout is met haar. Sy is bang vir elke volgende tree. Sy wil net tuis bly waar daar liefde en aanvaarding is en waar sy dinge nie hoef te orden nie. Sy praat nie, vra nie, stribbel nie teë nie, want sy kan waarskynlik nie die mees logiese respons antisipeer nie.

Daar is talle tussenin variasies op die twee uiterste gedragspatrone wat in Andrew en Louise se gedrag geïllustreer is. Die boodskap wat die gedrag van die kind met leerprobleme oordra, is gewoonlik een van die twee hooftemas: "Ek is kwaad vir die wêreld" of "Dit is my skuld". Onderliggend aan al die kinders se gedrag is frustrasie en vrees. Hulle is gefrustreer met hulle eie onvermoëns en beperkinge. Hulle kan nie die take wat hulle moet verrig, bemeester nie. Hulle is bang dat hulle verwerp sal word omdat hulle nie goed genoeg is nie.

Ons leef in 'n prestasie en kompetisie georiënteerde kultuur en tyd. Hulle wat bo uitkom, ontvang erkenning, aanvaarding, liefde. Ongelukkig word die hele kind dikwels beoordeel aan sy prestasiesukses. Talente soos ondernemingsgees, kreatiwiteit, sosiale intelligensie en duisende komponente wat essensieel is vir 'n gebalanseerde lewe tel nie veel punte nie – of dit is die boodskap wat die kind kry. Al sou die kind met leerprobleme erkenning kry vir talente en vaardighede buite sy skoolprestasie, sal hy steeds gefrustreer bly. Dit is elke mens se behoefte om volgens sy vermoë te presteer en die leergeremde kind presteer nie volgens sy vermoë nie.

Omdat die kind wat 'n leerblokkasie het, dit nie self uit die weg kan kry en erkenning vir sy vermoëns kan kry nie, soek hy dikwels erkenning op ander maniere. Erkenning beteken aanvaarding. Aanvaarding is 'n baie basiese en baie sterk behoefte by 'n kind. Hansworsgedrag is dikwels die mees logiese poging om erkenning en aanvaarding te kry.

Die hanswors in die klas se toertjies en truuks begin daar waar hy die aandag wil aflei van 'n bepaalde onvermoë. Eerder as dat die kinders vir hom moet lag omdat hy blapse maak, moet hulle vir hom lag omdat hy oulik en snaaks is. Hy sal bv. voorgee dat hy aspris verkeerd gelees het of 'n komiese woord invoeg. Om die ontwrigting te vermy wat hy veroorsaak, sal juffrou hom nie sommer maklik vra om weer hardop te lees nie. Met hansworsgedrag word party kinders uitstekende kulkunstenaars. Die waarheid word verbloem deur toertjies.

Daar is ook ander variasies van hierdie verskynsel van die aflei of weglei van die aandag van 'n bepaalde onvermoë. 'n Briljante sewejarige dogtertjie het my vir maande vermaak met die wonderlikste stories. Ek swig maklik voor 'n storie – dit het sy baie goed geweet. Ons begin met "Jim had a cat" en sy sê "Yes, Jim may have had a cat but do you know what my friend has as a pet? I know you'll love this story." Nou wie sal nou nie nuuskierig wees nie? Lily is 'n absolute meester in sosiale vaardighede en mensekennis. Sy sê presies die regte ding op die regte tyd. Sy streel 'n mens se ego so dat jy voel om vir haar te sê, "Tell me more." Nog voordat jy vir haar kan kwaad word omdat sy weer eens haar boeke by die huis vergeet het, vertel sy hoe opreg en innig jammer sy is. Sy verstaan dat ek genoeg rede het om woedend kwaad vir haar te wees. Sy het meesterlik geleer hoe om al die regte response te gee wat haar 'n plek in elkeen se hart gewaarborg het. Sy's oulik, lieftallig, behulpsaam, baie snaaks – sy's 'n wonderlike kind. Sy moet soveel energie spandeer aan ingeskakel bly op elkeen se bui en verwagtings dat daar waarskynlik min ruimte of tyd is vir haar om haar eie behoeftes uit te leef.

Lily het 'n baie erge leesprobleem gehad. Wanneer ek saam met haar skadulees, lees sy perfek saam omdat sy so akkuraat op 'n ander persoon kan fokus. Eers toe ek haar rol ingeneem het, al die toertjies wat sy uitgehaal het na haar teruggekaats het en van haar verwag het om my rol in te neem, het ons begin vorder. Opsommenderwys oor eienskappe van die gedrag van 'n leergeremde kind noem ek die eienskappe wat ons die meeste by hierdie kinders aantref, puntsgewys. Ek sluit hierby die eienskappe wat ek by wyse van voorbeelde geïllustreer het in en noem 'n paar ander wat jy dalk sal herken:

- Negatiwiteit
- Aggressie
- Vernielsugtigheid
- Skaamheid
- Bang, stil kind
- Laerisikogedrag (waag niks nie)
- Hansworsgedrag
- Rolspel
- Onrealistiese vrese
- Maagpyn, naarheid, hoofpyn veral voor toetse
- Onwilligheid om soggens skool toe te gaan
- Vergeet die boeke by die skool
- Spandeer ure aan take rondom huiswerk
- Swak selfbeeld
- Regressiewe gedrag (beweeg terug na 'n vroeër stadium van ontwikkeling)

Daar is al talle indelings gedoen oor gedragsimptome van kinders met leerprobleme. Hierdie is in 'n sekere sin maar nog 'n indeling. Die waarde daarvan, glo ek, lê daarin dat dit prakties gefundeerd is. Dit is die mees algemene simptome wat ons daagliks sien. Weer eens is dit belangrik dat ons nie die kind aan 'n reeks simptome sal meet nie. Die kind is ook nooit net die simptome nie. Die simptome is weer eens net soekligte sodat ons so min moontlik kinders wat tot geïntegreerde mense herstel kan word, sal mis kyk.

Hoofstuk 4

Emosionele pyn

Soos dit die geval is met alle ander dinge waaroor ek in hierdie boek skryf, wil ek ook nie 'n kitsoplossing vir emosionele pyn wat die kind met leerprobleme omring, gee nie. Daar is nie 'n groot driepootpot in een van ons klinieke waar ons 'n brousel brou waarin ons probleme gooi dan los hulle op nie.

Pyn is deel van leef soos wat dood 'n realiteit van die lewe is. Ek kan gaan soek na tientalle aanhalings van digters, filosowe, sielkundiges wat dit op verskillende maniere gesê het. Dalk sal die feit en dit wat ek verder oor pyn gaan sê, dan groter trefkrag hê? Maar die waarheid is mos maar die waarheid. Die dinge wat ons die meeste aanhaal, is waarhede waarmee ons identifiseer – dinge wat ons weet. My doel hier is nie om te beïndruk met alles wat ek al gelees het nie. Ek gaan dus ook nie alles kwalifiseer of regverdig deur dit aan 'n bekende naam te koppel nie. Ek skryf juis hier oor dit wat ek sien, daagliks ervaar, in eerstehandse woorde en beelde om vir jou 'n spieël voor te hou – een waarin jy jouself en jou kind kan herken. Alles is waarskynlik al gesê, want reeds in Salomo se tyd was daar niks nuuts onder die son nie. Die brokkies weerkaatsings van jou pyn in woorde lê wyd gesaai in gedigte, stories, vakkundige boeke en die Bybel. En ons wil weet ons is nie vreemd of anders nie, nie alleen nie, daarom lees ons, en tweedens, dink ek, om antwoorde te kry. Ek flans dus 'n klomp dinge saam – kennis, ervaring, sintuie – om 'n noodspieël te vervaardig vir waar jy nou is, sodat jy moed sal hou.

Die eerste gerusstellende gedagte is dus dat pyn normaal is – dat jy nie alleen is nie.

Ek het vroeër gesê dat ek denke rondom komplekse dinge vereenvoudig sodat iets daarvan herkenbaar kan raak vir 'n vertrekpunt. Ek deel in dié lig pyn in drie kategorieë in:

- normale pyn
- tragiese pyn
- gewoontepyn

Daar is 'n goeie dosis van elke tipe pyn in ons lewe ingevleg. Normale pyn is waarskynlik hier omdat ons duskant die Saligheid is. Ons geliefdes gaan dood, ons helde se voete is van klei, ons harte breek stukkend binne liefdesverhoudings, ons sien mense swaarkry. Iemand het gesê "pain is the only true instructor". Hierdie tipe pyn laat ons stilstaan en dink en groei. Dikwels bring dit ons nader aan God al is dit nie so dat God ons met pyn straf om ons nader aan Hom te bring nie. Ons gaan haal dan maar net die vertroosting wat daar in elk geval by Hom is. Die pyn kan ook gewoontepyn word.

'n Pragtige, intelligente matriekdogter vir wie ek jare gelede skoolgehou het, gaan aan die einde van haar skoolloopbaan op die aanloopbaan van 'n belowende toekoms met vakansie. Sy val van 'n perd af en is op slag dood.

'n Vriendin word wreed vermoor deur die huishulp, wat haar as kind versorg het, se seun. Sy stry vir vier uur met sewentien meswonde alleen teen die dood. Sy was 'n besonderse vrou. Honderde mense se gedagtes is vir maande oorspoel met veronderstellings oor wat sy moes deurmaak.

Laurika Rauch sing in die liedjie "Hot Gates" die name van dorpe, stede wat deur die eeue met rampe getref is, wat as wonde in ons gedagtes lê. Dan sing sy "There's another city, I am told, where the streets are paved with gold."

Aan die bestaan van normale pyn en tragiese pyn kan ons niks verander nie.

'n Mens raak gewoond aan enigiets as dit lank genoeg aanhou. Ons raak afhanklik van dit waaraan ons gewoond raak. Ja, en ons raak ook afhanklik van pyn en ander negatiewe dinge. Die bekende bied sekuriteit – so glo ons. Vandaar die tronke vol molesteerders wat as kinders gemolesteer is; vroue wat aanhoudend na hulle mans teruggaan om weer aangerand te word. Daar is talle individuele redes en ander universele redes wat verklaar waarom mense soms in pyngedrag vasgevang word. Vir ons doel volstaan ons by die feit dat gewoontepyn bestaan. 'n Groot deel van die pyn wat ouers en kinders beleef rondom die probleem van swak presteer op skool, is gewoontepyn. Gewoontepyn is gedragspatrone wat verander kan word. Soms leer ons 'n gedragspatroon aan wat pyn meebring, bloot a.g.v. die intensiteit van ons belewing van 'n bepaalde insident.

My mentor het my geleer dat 'n mens mos maar iets op 'n bepaalde manier doen totdat jy dit nie meer so doen nie. Daardie "totdat" is die moment wanneer die persoon as gevolg van insig en bewuswording die keuse kry om anders op te tree. So sal 'n bekommerde ma byvoorbeeld daagliks 'n kop aan kop botsing hê met haar kind oor skoolwerk. Hierdie botsing bring konflik en pyn. Dit los nie die probleem op nie – dit is teenproduktief. Die kind se weerstand teen huiswerk vererger, die aggressie tussen ma en kind hoop op. Die ma kan haar interaksie met haar kind rondom huiswerk verander sodra sy insien dat dit net pyn veroorsaak en dat daar ander alternatiewe is.

Gewoontepyn, anders as die ander twee tipes pyn, suiwer nie, bewerkstellig nie groei nie, louter ons nie. Dit is destruktief. Kennis, insig en 'n bereidwilligheid om daaraan te werk, kan dit verander. Ons kan mekaar hierin help – nie help dra aan die pyn nie, maar die gedragspatrone wat die pyn veroorsaak, identifiseer en daaroor besin.

My doel met die skryf oor pyn is tweërlei van aard: ek wil weer eens 'n spieël voorhou wat duisende ander ouers en kinders se pyn reflekteer sodat jy jou eie pyn daarin gereflekteer kan sien. Jy sal dan weet dat jy ook hierin nie alleen is nie. My tweede doel is om die gedragspatrone wat pyn genereer, uit te wys, sodat jy kan besin oor hoe jy dit binne jou bepaalde omstandighede kan verander. Die gewoontepyngedrag wat ek in my woorde reflekteer, is gefundeer in 'n bietjie kennis en baie sien. Ek sien daagliks variasies van die ouers en die kinders se pyn van buite. Omdat ek dit van buite beskou (en wel tog erg verstrengeld raak daarin vanweë my eie swakhede en predisposisies), kan ek die ooreenkomste raak sien en hopelik aan jou 'n herkenbare beeld reflekteer van wat vir jou na 'n eindelose, donker doolhof voel.

Die ma se pyn

Wat het ek verkeerd gedoen?

Die onderhoud wat ek na afloop van die evaluasie van die kind met die ouer voer, kan so verloop: "Ek gaan jou kortliks vertel wat my bevindinge en diagnose is. Jy is welkom om vrae te stel oor enigiets wat vir jou nou, of na jy die verslag gelees het, onduidelik is."

"Daar skort niks met jou kind se vermoë nie. Dit is so dat jou kind se lees- en spelvaardighede agtien maande onder standaard is. Soos ek aan jou verduidelik het, het ek eers 'n perseptuele ondersoek gedoen om te bepaal of die oorsprong van die leerprobleem daar lê. Dit is dan so dat ek bevind het dat Petrus redelik ernstige visuele perseptuele uitvalle toon. Hy kan bv. nie visueel goed diskrimineer nie – m.a.w. hy kan nie groepe letters wat dieselfde lyk, uitken nie. Sy vormwaarnemingsvermoë is ook nie op standaard nie. Petrus sukkel bv. om te bepaal dat 'n vorm wat só ⌐ lyk anders is as 'n vorm wat só ⌐ lyk. Hy kan dus ook nie die woord 'kat' met die vorm ⊔ en die woord 'lag' met die vorm ⌐ in verband bring nie. Jou kind kan dus nie volgens die normale proses waar betrokke breinfunksies in die gedrang is, leer lees of spel nie.

"Ons kan deur bepaalde programme en oefeninge aan te

wend, daardie perseptuele uitvalle regstel en dan op formele vlak Petrus se lees- en spelvaardighede op standaard kry."

Ongeag van wat die probleme is wat ons deur middel van toetsing opspoor, vra mev. Smit en mev. Jordaan byna sonder uitsondering, "Wat het ek dan verkeerd gedoen?"

Waarskynlik niks nie.

Onderliggend aan die vraag "Wat het ek dan verkeerd gedoen?" lê skuldgevoelens. Skuldgevoelens is destruktief. Dit tap 'n mens as 't ware van energie, dit verbrand jou krag en dien geen doel nie. Die energie wat skuldgevoelens verbruik, kan 'n mens sinvol aanwend om bepaalde doelwitte te bereik of sommer net om te leef. Skuldgevoelens gee ook dikwels aanleiding tot sinlose kommer wat in die donkerte van die nag so groot word soos die nag self. Die Bybel sê vir ons dat ons deur ons te bekommer niks kan verander nie. Wanneer 'n mens jouself bevry het van die kettings van skuldgevoelens, haal jy vryer asem, is die kleure van die dagbreek mooier. Vry van skuld het jy meer energie om vir jou kind spontaan en vry van jouself te gee. Nou praat ek nie van die angstige pogings om "op te maak" of om te kompenseer vir dit wat jy glo jy te min of verkeerd gedoen het nie. Ons weet almal ons kan nie opmaak vir iets by 'n kind nie. Jy kan nie vir 'n kind geld gee in plaas van liefde nie. Net so kan jy nie jouself dwing om ure elke dag aan skoolwerk te bestee omdat jy glo jy moes vroeër iets anders doen of gee om die leerprobleem te voorkom nie. So straf jy net julle albei.

Winnicot het met die konsep van "good enough mothering" verligting gebring aan ma's wat onrealisties hoë eise aan hulleself stel. Ons is nie een perfek nie. Die perfekte ma bestaan nie. Jy kan mos maar net gee waartoe jy in staat is. As ma het jy waarskynlik gedoen so goed jy kan vandat jou kind gebore is en dit is goed genoeg. Dit is nie jou skuld dat jou omstandighede so was dat jy moes werk terwyl jy tuis wou bly by jou kind nie. Dit is ook nie so dat jou lewe veronderstel is om op te hou wanneer jou kind se lewe begin nie. As jy nie 'n geaktualiseerde lewe lei nie, het jy in elk geval nie genoeg krag om 'n sinvolle interaksie met jou kind te hê nie. "Charity begins at home" sê die slagspreuk. "Home" is by jouself. Ons moet goed wees vir onsself om aan ander te kan gee.

Scott Peck het 'n opname gemaak onder mense wat na verskeie evaluasies bestempel is as suksesvolle mense – suksesvol in hulle werk, hulle verhoudings en suksesvol as ouers. Elkeen van hierdie mense moes die vyf belangrikste dinge in volgorde van prioriteit neerskryf wat tot hulle algehele sukses gelei het. Elkeen van daardie mense het na diep oorweging "liefde vir myself" as eerste prioriteit genoem. By die eerste oogopslag klink dit selfsugtig en negatief. Dink 'n bietjie daaroor na, dan sal jy die sin daarvan verstaan. Trouens, die Bybel gebied ons dat ons ander moet liefhê – hoe? – soos onsself.

Nee, jy is nie skuldig aan jou kind se leerprobleem omdat jy nie al jou tyd en krag en energie daaraan spandeer het om die leerprobleem te voorkom nie. Al sou jy dit doen, sou jy in elk geval nie kon weet presies wat om te doen nie.

Skuldgevoelens gee aanleiding tot 'n hele aantal ander vrae wat die ma se pyn reflekteer. Al die vrae begin met "Wat kan ek doen … " of "Wat moes ek doen toe … " Die vraag om te vra, is miskien eerder "Wat kan ek nou doen", want al waar ons kan wees, is hier en nou. Daarby kom ons later.

Konflik tussen ma en kind

'n Leerprobleem dra konflik die huis in. Dit dra swak rapporte die huis in, briefies van die skool wat getuig van gedragspobleme en swak prestasie. Die eerste interaksie oor die slegte tyding gebeur tussen ma en kind. Ma's reageer op verskillende maniere op hierdie boodskappe. Die wyse waarop die ma reageer, is gewoonlik volgens die gewoonte wat sy aangeleer het om 'n probleem te hanteer. Die meeste van hierdie optredes lei tot konflik. Daar waar spontane deel, liefde en sorgelose geniet van mekaar se teenwoordigheid was, ontstaan nou 'n gestoeiery met mekaar met die skoolwerk tussenin.

In 'n poging om die probleem op te los, eis die ma gewoonlik dat die kind meer tyd met die probleem sal spandeer. Suzette wat nie kan lees nie, moet summier by die plaaslike biblioteek aansluit en een boek per week lees. Suzette beleef natuurlik dat sy gestraf word en verwyt haar ma. Dit is 'n bietjie soos "ek eet nie wortels nie". "Wortels is goed vir jou. Eet hierdie drie borde wortels dan sal jy leer om wortels te eet." Dit gaan nie werk nie. Suzette se weersin in wortels gaan vererger. Ma gaan voel sy moet elke dag wortels kook. Elke ete gaan later 'n gestoei en gespartel afgee.

Die baklei rondom die gelesery duur voort. Suzette se punte verbeter nie. Die volgende noodmaatreëls word ingestel. Suzette mag nie meer swem of aan atletiek deelneem nie. Sy is baie goed in sport. Die tye waarin sy nie deur haar onvermoë gekonfronteer was nie, word deur Ma weggeneem. Haar ma straf haar dus en is nie lief vir haar nie. Suzette raak rebels of lusteloos. Haar selfbeeld verswak en haar aggressie teenoor haar ma neem toe.

Ma fokus op Suzette se gedrag wat spruit uit die strafmatreëls. Nou het ons twee probleme: Suzette se lae punte en haar gedrag. Later is daar omtrent geen positiewe interaksie meer tussen Suzette en haar ma nie. Haar ma hou vol met die strafmaatreëls "in haar kind se belang". Ma se kommer en pyn neem toe. Suzette kry al hoe duideliker die boodskap dat haar ma nie vir haar omgee nie, haar nie verstaan nie en haar belange nie op die hart dra nie. Verwyte word heen en weer geslinger en Suzette se weersin in skoolwerk groei by die dag.

Konflik ontstaan dus wanneer die ma toenemend dinge wat vir die kind aangenaam is, soos vrye tyd, sport, vriende, uitskakel of wegneem. Konflik ontstaan ook omdat die ma dit wat die probleem is, dit wat die kind nie kan verleer nie, in groter dosisse in die kind se keel probeer afforseer. Suzette kan nie lees nie, maar sy moet kan lees en daarom moet sy al hoe meer lees.

Hoe ver strek my verantwoordelikheid?

Een ma van 'n seuntjie wat vir 'n jaar by my was, het haar hele lewe toegewy aan haar kind se leerprobleem. Die pak verslae onder mev. Anderson se arm was effe anders as dié van ons ander kliënte – die een was vanuit Engeland, die res van dwarsoor ons mooi land. Mev. Anderson het haar werk bedank. Soggens het sy gelees – artikels en boeke oor neurologie, anatomie, probleemkinders, hiperaktiwiteit, aandagstekortsteurnis en alles wat moontlik aanverwant kon wees. Middae het sy huiswerk gedoen – soos in st. 1-skooltuiswerk. Die opdragte, het sy vereis, moes baie eksplisiet wees sodat sy elke letter presies korrek deur Andrew kon laat skryf. Andrew het elke middag – totdat hy begin huil het van moegheid – mev. Anderson se instruksies strepie vir pynlike strepie uitgevoer. Mev. Anderson het, glo ek, in die nagte gehuil. Andrew se boeke was pynlik netjies vol korrekte woordjies en pragtige prentjies. Hy het elke leesles geken. Andrew kon nie lees of skryf nie.

Jy kan nie namens jou kind na elke volgende skooljaar bevorder word nie.

Talle ma's doen dit – hulle aanvaar volle verantwoordelikheid vir elke huiswerktaak, elke toets en eksamen. Hulle kan nie slaap voor 'n toets nie en hulle word siek van uitputting.

Na 'n praatjie by 'n skool een aand het 'n desperate ma gevra: "Wat kan ek doen om my kind by sy boeke te kry? Hy weet hy het 'n probleem, maar hy weier om te leer. Ek preek vir hom, ek probeer hom omkoop, ek kan op my kop staan, hy sal nie leer nie."

Die antwoord was eenvoudig. "Ingeval jy dalk twyfel, mevrou – jy hoef nie op jou kop te staan nie. Dit gaan nie help nie."

"Indien ek jou sou afpers of omkoop om 'n vliegtuig te loods, sou jy dit doen?"

Ek het die betrokke kind geken. Hy was nie moedswillig of

lui nie. In daardie stadium het hy staatgemaak op wat hy in die klas gehoor het, om kennis te kon weergee. Wat hy gelees het, het hy nie verstaan nie. Sy aandag het soos sy oë van woord na woord verskuif en die betekenis van die vorige woorde uitgewis. Wanneer 'n mens leer motor bestuur, is jy bewus van elke aksie wat jy uitvoer. Jou gedagtes is net daar. Jy let nie op na die somer wat leegbloei in die wingerde langs die pad nie. Jy dink nie aan jou eindbestemming nie. Die aksie van lees, het in daardie stadium al die seun se konsentrasie geverg. Ek sou vir sy ma kon sê: "Lees aan hom die inligting voor, mevrou, of neem dit op op band." Ek het dit nie gedoen nie, want later sou die seun op visuele vlak ook kon leer en nie net deur middel van wat hy hoor soos wat hy tot nog toe gedoen het nie. Dit was nie sy ma se plig om haar seun daartoe te lei nie. Sy kon nie. In dié geval was dit my plig.

Soos wat Andrew nie kon leer lees en skryf deur middel van die uitvoer van mev. Anderson se instruksies nie, al sou sy ook op haar kop staan, sou die betrokke seun nie leer verstaan wat hy lees deur gedwing te word om ure voor sy boeke te spandeer nie.

Albei ma's moes elders hulp kry om 'n regstelling te laat maak in hulle kinders se leerproses.

Die konflik brei uit

Elke kind eis sy pond vleis – en jou man. Dalk het jy twee kinders of drie en net soveel ponde vleis.

Jy voel waarskynlik dat jy die res van jou gesin afskeep omdat jy so baie tyd en energie aan Jannie se skoolwerk bestee. Sodra jy probeer "opmaak" teenoor die res van die gesin, versterk dit hulle gevoel dat hulle verontreg word. Jy bly in die skuld en almal in jou gesin bly onvergenoegd. Jy probeer oral tegelykertyd wees en almal beleef dat jy nêrens is nie. Later wonder jy dalk self waar jy is omdat almal so na jou soek en tas.

Wanneer Jannie se skoolwerk hierdie tipe ongemak en wanbalans in jou verhoudings met jou gesinslede laat ontstaan, moet jy besin oor die grense van jou verantwoordelikheid, jou tyd en jou vermoëns.

Om besig te bly met 'n probleem, beteken nie dat die probleem opgelos word nie. Jy is dan al vir drie of vier jaar besig met dieselfde probleem op dieselfde manier, en dieselfde probleem bly voortbestaan.

Wanneer 'n mens voel dat jy werklik nie meer tyd het om te gee nie, werk dit nogal goed om te gaan stilsit en ontvang. Die onbevredigende interaksie waar almal vra en niemand voel hulle ontvang nie, verander.

So lyk die strikke

'n Lamheid oorval een wanneer hy skrik. Die volgende persoon gil. Ons het gewoontereaksies op dinge wat met ons gebeur. Ons volhard in baie gedragspatrone – dikwels ook wanneer die gedrag teenproduktief is. Ek het 'n paar hanteringswyses van die leerprobleem bespreek wat in my ervaring baie algemeen voorkom. Die bepaalde optredes stem waarskynlik ooreen met die wyses waarop die betrokke persone gewoonlik 'n probleem benader. Ek lig die kernelemente van negatiewe hanteringswyses van die leerprobleem uit, omdat jy moontlik vasgevang is binne een van die gedragspatrone. Ons het mos eers die keuse om ons gedrag te verander wanneer ons sien hoe ons optree.

Angstigheid

'n Angstige beheptheid met die kind se leerprobleem los nie die probleem op nie.

Dood straf

Jy kan nie die probleem dood straf nie. Suzette word gedwing om met haar swemtyd te betaal en om haar vriende op te offer. So kan jy die kind dood straf en die probleem laat floreer. Jy het dalk geleer dat straf dinge regmaak.

Die brandglas

Wanneer daar 'n probleem ontstaan, fokus jy dalk onmiddellik daarop om dit reg te stel. Om so te fokus op die leerprobleem dat alles anders uit fokus raak, vergroot die probleem. Dit is nie asof die probleem gaan doodbrand nie.

Dis my verantwoordelikheid

Dalk is dit jou skuld as die kat kleintjies kry – jy kon hom laat regmaak, maar jy kan regtig nie alles regmaak nie. Gelukkig hoef jy ook nie. In 'n onderhoud met Moeder Theresa het iemand gevra of sy dan nie skuldig voel oor die duisende straatkinders by wie sy nie uitkom nie. Sy het geantwoord dat God nie sukses eis nie.

As ons begin dink oor al die tragedies wat voortgespruit het uit ons interaksies met mense, sal ons 'n gat wil grawe en onsself en die pyn wat uit ons voortspruit daarin wil begrawe. Jy is dalk een van daardie mense wat van jouself die sondebok maak en verantwoordelikheid vir meer as alles aanvaar.

Jou verantwoordelikheid word deur jou vermoëns begrens. Dit is 'n sterk bevrydende feit. Neem dit.

Ek herinner jou aan Reinhold Niebuhr se gebed. "God, grant me the serenity to accept the things I cannot change, courage to change the things I can, and wisdom to know the difference."

Volstruisgedrag

Ons glo dat 'n volstruis sy kop in 'n gat druk as gevaar dreig en dan glo hy hy's onsigbaar. Die mite het ontstaan uit die gewoonte wat volstruise het om in die woestyn met hulle kop teen die grond te slaap, sodat hulle kan hoor wanneer iets nader kom. Die wind waai dan die sand oor hulle kop terwyl hulle slaap. So lyk dit dan asof hulle self hulle kop begrawe het.

Of jy nou toelaat dat die leerprobleem toegewaai word deur duisende verpligtinge en omstandighede en of jy dit nou self wil wegsteek deur dit te ignoreer, gaan nie werk nie. Dit bestaan en dit het 'n plek in jou huis, 'n begrensde, maar definitiewe plek.

Sondebokgedrag

Ons vind 'n sondebok wat ons kan belas met ons verborge vrese en swakhede sodat ons die fokus van onsself kan verskuif. Die kind met die leerprobleem word soos in die geval van Johannes Adrian in hoofstuk 1 dikwels daardie objek.

'n Ander probleem in hierdie verband steek dikwels nie sy kop weg nie, maar uit: Onder die vaandel van ontferming oor jou kind met die leerprobleem, kan jy 'n aantal ander probleme onder die leerprobleem versteek. Jy hoef nie die oorsprong van die konflik tussen jou en jou man aan te spreek nie, want jy kan dit toedig aan die tyd wat jy aan jou kind met die leerprobleem moet bestee. Die leerprobleem kan ook gerieflikheidshalwe die rede word waarom jy nie 'n geaktualiseerde lewe lei nie. Baie ma's ontvlug van talle ander probleme deur op die kind met die leerprobleem te fokus. Daardie probleem word dan so gevoed en in stand gehou.

Wat is dan nou die resep?

Die ma is in pyn. Die kind is in pyn. Daar is konflik in die huishouding en talle strikke van gewoontegedrag wat die leerprobleem kan vergroot. Wat behoort ek dan nou te doen?

Die geheim van enige resep lê in balans – die verhouding van die bestanddele moet reg wees. Soos wanneer ons proe as ons die sout in die botterbroodjiemengsel vergeet het, weet ons (die Engelse woord "sense" is hier 'n lekker woord) wanneer ons te hard werk en te min speel. Hoe meer suur bestanddele in 'n resep, hoe meer soet moet ons byvoeg. Hoe harder ons werk, hoe meer slaap benodig ons – ons liggaam vra daarna. Op fisieke en op psigiese vlak raak ons bewus van wanbalanse wat bestaan. Op fisieke vlak is dit makliker om wanbalanse te "sense". Wanneer ons koue ervaar, ontstaan 'n behoefte aan warmte. Swanger vroue beleef behoeftes na voedselsoorte met voedingstowwe in waaraan hulle 'n tekort het.

Dit is jammer dat ons dikwels nie ag slaan op ons psigiese behoeftes nie. Ons onderdruk ons intuïsie met skuldgevoelens, vrese en talle gewoontegedragspatrone. Die strikke waarna ek hierbo verwys het, is gedragspatrone wat psigiese ongemak veroorsaak. Die ongemak bestaan omdat jy te veel of te min tyd aan die leerprobleem van jou kind bestee of omdat jy alle of geen verantwoordelikheid daarvoor op jou neem nie.

Omdat die kind met die leerprobleem meer tyd aan die probleem moet bestee, moet hy ook meer tyd weg van die probleem bestee. Dat jy meer intens op sy onvermoë moet fokus, laat die behoefte ontstaan dat jy meer intens op sy vermoëns sal fokus.

Die resep vir die korrekte hantering van die kind met die leerprobleem is jou eie. Jy moet kyk na die bestanddele van jou realiteit – die perke van jou vermoëns, die beskikbare tyd, jou eie behoeftes, die behoeftes van jou gesin, die vermoëns van jou gesin, beskikbare hulp en 'n gebalanseerde mengsel aanmaak.

Omdat omstandighede en behoeftes voortdurend verander, is balans nie 'n statiese toestand nie. Die mengsel sal nou so lyk, dan anders. Bepaal waar die pyn en die konflik nou lê en voeg 'n vergunning toe, neem 'n beperking weg, gun jouself 'n goeie fliek, 'n lekker boek. Voeg by of neem weg dit wat die emosionele ongemak kan verlig.

Dit klink natuurlik makliker gesê as gedaan. Om iets gedaan te kry, is dikwels wel meer moontlik as wat ons dink.

Alice en Waldon Howard het in 'n besprekingsgroep oor Scott Peck se boek *The Road Less Travelled* met die volgende voorstelle vorendag gekom oor hoe 'n mens jouself binne jou omstandighede kan herposisioneer:

- Wees bewus van jou pyn en negatiewe gevoelens
- Lees boeke vanuit verskillende gesigspunte
- Ondersoek jou intuïsie
- Probeer alternatiewe roetes (kom los van bogenoemde strikke)
- Raak ontslae van ou verwyte
- Kyk na waar ander mense is (in dié geval, elkeen binne jou gesin)
- Besin oor jou voorveronderstellings (glo jy dit is jou skuld; aanvaar jy daar bestaan geen hulp nie)
- Knoop nuwe verhoudinge aan (daar is mense wat jou kan ondersteun of met wie jy sorgeloos kan verkeer)
- Verkry toegang tot jou innerlike krag (jy sal weet watter aktiwiteite of gedrag jou laat goed voel)
- Wees oop vir uitdagings (wees bereid om jou gedrag te verander)

Jy kan dalk nie jou kind se leerprobleem oplos nie en jy is nie veronderstel om dit te kan doen nie. Jy kan jou kind se psigiese behoeftes van aanvaarding, warmte, liefde en sekuriteit vervul. Indien jy op die kind se leerprobleem fokus ten koste van sy psigiese behoeftes, dan is jy uit jou vaarwater en jy doen jouself en jou kind 'n geweldige onreg aan.

Oor praktiese wenke vir die voorkoming van leerprobleme sowel as oor bepaalde aktiwiteite en oefeninge in die hantering van 'n spesifieke leerprobleem, skryf ek in 'n volgende hoofstuk. Hier gaan dit om emosionele ongemak of pyn en oor gedrag. Opsommenderwys is my oortuiging in hierdie verband die volgende:

- Jou kind is nie die leerprobleem nie – hy/sy is veel meer.
- Jy het ander pligte en voorregte binne jou gesin (buite die leerprobleem).
- Stel jou fokus reg in sodat die positiewe dinge nie uit fokus raak nie
- Vind 'n gesonde balans tussen werk en ontspanning.
- Vind hulp – nie in 'n angstige soeke oral nie, maar doelgerig (wenke in hierdie verband volg later).

Hoofstuk 5

Wankonsepte oor disleksie, hiperaktiwiteit en aandagstekortsteurnis

Omdat die kind met 'n leerprobleem dikwels baie swak spel en leer, vrees die ouer dat sy kind disleksies is.

Die kind met die leerprobleem fokus nie graag sy aandag gewillig en gedwee by die skoolwerk nie. Hy kom dikwels rusteloos voor en lei almal om hom se aandag van die leergebeure af, sodat hy met iets anders as die probleem kan besig wees. Die onderwyseres stel medikasie vir hiperaktiwiteit voor om die oproer wat Petrus in die klas veroorsaak, te verminder. Die gebruik van die medikasie produseer 'n gelukkiger juffrou en 'n rustiger Petrus. Dit lyk oënskynlik of die medikasie "werk". Die afleiding word gemaak dat Petrus tog wel aan hiperaktiwiteit lei. In enkele gevalle is dit waar, maar meestal spruit die rustelose gedrag voort uit frustrasie en die medikasie dra nie daartoe by om Petrus beter te laat spel, lees of reken nie.

Ma sien 'n kennisgewing by die winkelsentrum oor 'n "ADD support group" (Attention deficit disorder). Sy woon dit by en sy voel gewoonlik vir 'n rukkie gerus – my kind ly aan aandagstekortsteurnis en hy's nie die enigste een nie. Ma's van elke straat in die woonbuurt deel hulle pyn oor hulle kinders wat die huishouding deurmekaarwoel en hulle aandag klaarblyklik nie kan fokus op enigiets nie. Die beeld stem nie eenhonderd persent ooreen nie, maar hulle praat die kind se gedrag tot binne die vorm wat pas – die vorm van aandagstekortsteurnis in hierdie geval. Soms verander hulle die bekende simptome so effe om by die kind se gedrag aan te pas. Ons wil dinge begrens, beteken, etiketteer om dit wat vaag en onbekend is, bekend te maak. Dikwels sluit ons per definisie meer uit as wat ons insluit.

Om simptome van 'n eetsteurnis of slaapsteurnis te hê, is anders as om 'n eetgewoonteversteurde of slaapgewoonteversteurde te wees. So is dit ook waar van etikette soos disleksie, aandagstekortsteurnis en hiperaktiwiteit.

Sodra 'n diagnose gemaak of 'n etiket geskryf is, het ons dikwels die geneigdheid "to live up to it". Jy gaan vir 'n E.K.G. en daar's 'n a-ritme in jou hartklop. Skielik voel jy soos 'n hartlyer, is jy bewus van jou hartklop en 'n gedurige moegheid. 'n Natuurlike versnelling in jou hartklop tydens opwinding word 'n kommerwekkende insident.

Voordat ons verder besin oor die ware aard van disleksie, hiperaktiwiteit en aandagstekortsteurnis behoort ons die volgende in gedagte te hou:

- 'n Kind beteken homself hoofsaaklik deur die oë van ander (hy/sy kan moeilik die teendeel bewys as jy hom of haar etiketteer as "dom" of "onmoontlik" of "hiperaktief" of wat ook al).
- Enige diagnose sluit baie dinge uit.
- 'n Beoordeling of diagnose word vanuit 'n spesifieke perspektief gemaak.

Is my kind disleksies?

Die term "disleksie" het in 'n stadium 'n spesifieke betekenis gehad. Dit het verwys na 'n onvermoë om te lees wat die direkte gevolg is van 'n breinbesering. Die besering kon by geboorte opgedoen word of deur 'n harde hou teen die kop, of 'n beroerteaanval wat 'n spesifieke area in die brein beseer het.

Aleksie word hedendaags gebruik om te verwys na die onvermoë om te lees, wat die gevolg is van 'n breinbesering in die dominante assosiasiegebiede.

Agrafie is 'n onvermoë om te skryf, wat die gevolg is van 'n besering in die frontale skryfsentrum, terwyl afasie dui op spraakgebreke a.g.v. 'n breinbesering. Hier word onderskei tussen motoriese afasie en sensoriese afasie. Eersgenoemde tas die normale spraakvermoë aan en laasgenoemde die begripsvermoë. Die breinbeserings by die onderskeie toestande is in verskillende areas van die brein geleë.

Disleksie het dus niks te doen met skryf, spraak of begripsvermoëns nie. Die term disleksie word deesdae deur professionele sowel as leke gebruik om na 'n leesprobleem te verwys ongeag die aard of oorsprong daarvan. 'n Probleem ontstaan wanneer die term disleksie gebruik word om na 'n leesprobleem te verwys, omdat daar nie gespesifiseer word of die kind 'n breinbesering het al dan nie.

Die term disleksie is myns insiens, weens die talle wanbegrippe en vrese wat dit saamdra, 'n gevaarlike en gewoonlik teenproduktiewe term. 'n Stelling soos "dyslexia runs in the family" is iets wat ek daagliks teëkom by ouers. Die ouer verwys dan na enigiets wat strek vanaf swak spelvaardighede wat 'n grootouer of sy/hyself gehad het, tot 'n breindisfunksie wat êrens by iemand in die voorgeslagte voorgekom het. Dit veroorsaak dan weer eens 'n geval waar 'n etiket iets word wat grense stel wat nie oorkom kan word nie. In dié geval word die etiket ook dikwels heeltemal misplaas deur na 'n onvermoë om te spel, te verwys.

Dit is heeltemal moontlik om leesontwikkeling by die kind onmoontlik te maak. Wanneer die term "disleksie" met die kind geassosieer word, verhoog daardie gevaar. Die vooronderstelling dat die kind nie kan lees nie, lei tot die opwekking van spanning rondom die kind se leer lees en tot 'n oorkritiese houding vanwaar die kind voortdurend die boodskap kry dat hy nie kan lees nie.

Ek het al dikwels gewens dat ek sommige voorgeskrewe teksboeke kan herskryf. Dikwels word die leesmateriaal oninteressant en byna onbegrypbaar aangebied. Op verskeie maniere maak ons dit dus vir die kind met 'n leesprobleem al hoe moeiliker om te leer lees. Onthou dat die kind nie spontaan leer lees nie, alhoewel hy spontaan leer praat.

Tensy jou kind aleksies is, d.w.s. tensy daar 'n breinbesering in 'n spesifieke area van die brein is wat deur 'n neurologiese ondersoek bevestig is, dien dit geen doel anders as om die leesprobleem te vererger, om met die term disleksie rond te speel nie.

'n Leerprobleem en in hierdie geval spesifiek 'n leesprobleem is 'n opvoedkundige aangeleentheid en behoort deur remediërende intervensie reggestel te word. Dit word eers 'n neurologiese aangeleentheid wanneer daar kliniese bewyse van 'n breindisfunksie is.

Minimale breindisfunksie en disleksie

Minimale breindisfunksie verwys na 'n toestand waar die kind optree asof hy 'n breinbesering het terwyl geen kliniese bewyse daarvoor gevind kan word in 'n neurologiese ondersoek nie. Opvoedkundiges het 'n reeks toetse ontwikkel om kinders met minimale breindisfunksie te kan identifiseer. Daar was 'n tydperk waarin kinders met leerprobleme beskou was as kinders by wie daar fout was met die funksionering van hulle brein volgens Rosner (1975). Hierdie kinders moes duidelik verwys word, maar na wie? Indien hierdie kinders breinbeserings het, kan daar eintlik niks vir hulle gedoen word nie. Daar bestaan geen metode om beseerde breinweefsel te laat genees nie.

Wattenberg en Clifford (1964) het bevind dat "on the primary level, children's self-concepts were more predictive of reading achievement than their scores on the Detroit Beginning First Grade Intelligence Test".

Talle studies is gedoen oor die verband tussen selfbeeld en leesprestasie. Ek gaan jou nie met tegniese detail bemoei nie. Dit is belangrik vir ons doel om te weet dat selfbeeld 'n definitiewe belangrike rol speel in leessukses. Die studies wat uitgevoer is op leerlinge wat geïdentifiseer is as leerlinge met minimale breindisfunksie het dieselfde resultate gelewer.

Is jou kind nou disleksies of het hy nou minimale breindisfunksie as hy sukkel met lees? Al wat ons hoef te weet, is dat indien daar nie kliniese bewyse van 'n breinbesering is nie en indien jou kind se I.K.-telling bo 90 is, kan hy gehelp word om sy leesvermoë te verbeter. Deur die term disleksie aan hom te koppel, gaan sy selfbeeld en waaghouding skend. So kom ons vee daai een maar uit. Meer funksioneel as om te bepaal of jou kind minimale breindisfunksie het of nie, is om te bepaal of hy 'n leesprobleem het. Of hy nou M.B.D. het of nie, hy kan gehelp word.

Jy kan help deur aan jou kind se selfbeeld te bou. Die wete dat 'n kind met 'n leesprobleem se leessukses kan verbeter, behoort jou hierin te help. As jy twyfel, sal jou kind twyfel.

Opvoedkundiges wat opgelei is in die aard van leerprobleme van minimale breindisfunksie en die hanteringswyses van leerprobleme, kan op formele vlak ingryp. Jy besef dat die opleiding van onderwysers nie die uitkenning en hantering van kinders met leerprobleme insluit nie. Die gewone klasonderwyser gaan dus om hierdie rede en die redes wat ek in hoofstuk 3 aangevoer het, nie noodwendig jou kind uitken as een wat gespesialiseerde hulp nodig het nie.

Die reeks toetse wat saamgestel is om kinders met minimale breindisfunksie te identifiseer, het volgens Rosner (1975) op 'n insidensie van minstens 15% by laerskoolleerlinge en by laer sosio-ekonomiese gemeenskappe op 'n voorkomssyfer van 25% gedui.

In die lig beskou van die geweldige hoë voorkomssyfer en van my persoonlike ervaring waar ouers van heinde en verre skakel om raad, sou die ideaal wees dat alle onderwysers opgelei word in remediërende onderrig. 'n Vertroostende feit is darem dat ons nie meer daar is waar hierdie kinders afgeskryf word as "dom" nie.

Hiperaktiwiteit en aandagstekortsteurnis

Die toestand van hiperaktiwiteit is ook heen en weer gegooi tussen die mediese wêreld en die opvoedkunde. Dit dui op 'n toestand waar die kind nie kan stilsit of sy aandag op 'n bepaalde taak kan rig nie. Hiperaktiwiteit is een van die tien kenmerke waarvolgens kinders met minimale breindisfunksie uitgeken word.

In 'n stadium is hiperaktiwiteit en aandagafleibaarheid as 'n belangrike veroorsakende faktor beskou van leerprobleme. Wêreldwyd is klaskamers so vaal en grys met so min moontlik interessanthede ingerig. Daar moet niks wees om die kind se aandag af te lei nie. Hy moet stilsit en sy aandag bepaal by die leergebeure.

Wat is eerste? Die hoender of die eier? Veroorsaak hiperaktiwiteit 'n leerprobleem of toon die kind met 'n leerprobleem simptome van hiperaktiewe gedrag as gevolg van frustrasie rondom die leergebeure? Selfs 'n kind sonder 'n leerprobleem kan rusteloos voorkom as leerstof oninteressant of bo sy vuurmaakplek aangebied word.

Die kind wat hiperaktief voorkom, is dikwels 'n verveelde of 'n gefrustreerde kind. Intelligente kinders raak maklik verveeld met die tempo van aanbieding van leerstof wat gerig word op die gemiddelde kind. Hy hou homself dan besig met ander dinge wat dikwels fisieke aktiwiteite insluit. So 'n kind kan in die gewoonte verval om nie sy aandag by die leergebeure te bepaal nie en voor hy hom kan kry, maak punt "E" nie meer vir hom sin nie omdat sy aandag tydens punt "C" en "D" elders was.

Daardie kind wat aanhoudend rondskuifel, briefies skryf, iemand soek om saam met hom stoutighede aan te vang, wil waarskynlik nie gekonfronteer word met daardie aktiwiteit wat sy aandag verg nie. As 'n kind 'n probleem het met lees of skryf, sal hy mos noodwendig moeilik sy aandag gewillig bepaal by een wat daar ver voor in die klaskamer hom voortdurend herinner aan die ding waarmee hy sukkel. Hy sal homself eerder besig hou met dinge wat nie vir hom spanning veroorsaak nie of die bestaande spanning ontlaai in beweging.

Die onderwyseres bestempel die kind as hiperaktief en medikasie word voorgeskryf. Die medikasie maak die kind oënskynlik rustiger. Dikwels is die kind wat as hiperaktief getipeer word, 'n kind met 'n leerprobleem en gepaardgaande frustrasies. Die medikasie los nie die leerprobleem op nie. Medikasie is soms funksioneel bloot omdat dit die konflik tussen die onderwyser en kind verminder en die kind sodoende minder spanning ervaar. Sy skoollewe raak vir hom effe meer draaglik.

Wanneer 'n kind wat by my in terapie is, rusteloos en geïrriteerd voorkom, vind ek meestal dat sy frustrasie voortspruit uit die weerstand wat hy in die bepaalde aktiwiteit het. 'n Kind wat by punt "A" allerhande truuks uithaal om die aktiwiteit te vermy wat ek voorhou, is dikwels ses maande later gretig om met dieselfde aktiwiteit besig te wees. Indien ek sou volhou met "hier gaan ons nou sit en lees vir 'n uur, want jy moet leer lees", kan ons maar eerder op die strand gaan speel het. En ja, dikwels is dit meer funksioneel om met hierdie oënskynlik hiperaktiewe kind op die strand te speel. Daar kan ons in die sand woorde skryf en lees en later, wanneer die woorde hom nie meer bedreig nie, kan ons by 'n tafel of voor 'n rekenaar sit en lees. Onthou dat 'n kind 'n natuurlike behoefte het om te leer.

Baie min van die kinders wat by die kliniek opdaag met die stempel "hiperaktief" of "aandagstekortsteurnis" hop drie maande later nog rond soos rubberballetjies. Ons kan nie 'n kind in 'n blik druk waar hy nie wil in nie. As hy nie daar wil in nie, is daar waarskynlik 'n rede voor. Waarskynlik is hy bang vir daardie blik.

Bykans alle kinders wat skool toe gaan voordat hulle skoolgereed is, word as hiperaktief beskou of toon hiperaktiewe gedrag. Dit is 'n geweldige sprong wat 'n kind maak vanaf hoofsaaklik speel na hoofsaaklik leer. Die kind moet nie net skoolgereed wees nie, maar ook skoolryp. Hy moet dus nie net fisiek en kognitief gereed wees nie, maar ook emosioneel. 'n Kind wat nie skoolryp is nie, kan nie stilsit en sy aandag by gestruktureerde aktiwiteite bepaal nie. Hy wil letterlik heeldag nog speel.

Indien jy nie verstaan dat 'n kind 'n natuurlike behoefte het om te leer nie, dan sal jy van mening wees dat die kind wat hiperaktief voorkom bloot net stout is. Jy dink dalk dat leer iets is wat aan 'n kind opgedwing moet word, lynreg teen sy wil in. Dit is nie hoe dit werk nie. Enige kind protesteer in minder of meerdere mate teen dissiplinêre grense en leeraktiwiteite, maar dit is hoofsaaklik net om sy grense te bepaal. Wanneer 'n kind enduit daarteen protesteer om deel te neem aan leeraktiwiteite, dan is daar fout êrens. Die kind is dalk werklik hiperaktief met 'n hoë aandagafleibaarheid of daar is 'n leerblokkasie.

Hiperaktiwiteit bestaan. Aandagstekortsteurnis is 'n toestand wat by sommige kinders voorkom. Die voorkomssyfer daarvan, glo ek, is nie naastenby so hoog soos die hoeveelheid kinders wat daarmee gediagnoseer word nie. Die stelling fundeer ek in die feit dat minder as 10% van die gevalle wat by ons kliniek onder dié vaandel aandoen, wel hiperaktief is. Die simptome wat die gefrustreerde kinders met leerprobleme toon, is 'n presiese nabootsing van die kinders by wie daar 'n fisieke oorsaak vir hiperaktiwiteit is. Hulle ontwikkel as 't ware hiperaktiwiteit sonder dat daar 'n kliniese oorsaak is.

Om te bepaal of jou kind werklik hiperaktief is en of hy werklik nie sy aandag by take kan bepaal nie, is dalk 'n goeie toets vir jou kreatiwiteit. Jy sal moet bepaal of daar emosionele blokkasies is wat frustrasie rondom 'n bepaalde aktiwiteit by jou kind genereer. Jy sal maniere moet uitdink om jou kind by die betrokke aktiwiteit te betrek sonder dat hy sy normale ontwykingsgedrag toon. Lok jou kind tot deelname aan bv. klankherkenning of 'n leesaktiwiteit deur daarvan 'n tipe speletjie te maak waarvan hy hou. Jou manier van aanbieding moet die kind nie met sy onvermoë of vrees konfronteer nie, dit moet nie spanning verwek of frustrasie veroorsaak nie. Omdat jou kind waarskynlik al vasgevang is in 'n gedragspatroon van 'n voortdurende verskuiwing van sy aandagsfokus, sal jy die tipe aktiwiteite moet varieer sodat verskillende benaderingswyses mekaar vinnig opvolg. Jy kan byvoorbeeld aanhoudend die reëls verander of die tipe speletjie verander terwyl die doelwit dieselfde bly.

Wanneer jy die kind daartoe wil lei om vir langer periodes sy aandag gefokus te hou op 'n bepaalde aktiwiteit, moet jy aktiwiteite kies waarvan die kind hou. In plaas daarvan dat hy die aktiwiteit vry bedryf, struktureer jy dit toenemend strenger.

Deur jou kind noukeurig waar te neem, kan jy bepaal of daar bepaalde aktiwiteite is waarop hy sy aandag vir lang periodes fokus. Indien dit die geval is, dan is dit onwaarskynlik dat hy aan aandagstekortsteurnis ly. Dit kom voor asof sy aandagsafleibaarheid hoog is, omdat dit 'n gedragspatroon is wat hy aangeleer het om homself te beskerm. Wanneer iets vir hom 'n bedreiging is, of spanning verwek, fokus hy sy aandag elders. Jy kan hom help om hierdie gedragspatroon te verander.

By talle kinders by wie aandagstekortsteurnis gediagnoseer is, het ek opgemerk dat dit 'n onwillekeurige aksie is. Sulke kinders is nie daarvan bewus dat hulle nie hulle aandag fokus nie. Hulle sal byvoorbeeld luister sonder om te hoor. Hulle besef nie dat hulle gedagtes elders dwaal nie. Hulle het so gewoond geraak daaraan om te ontvlug dat hulle as 't ware outomaties hulle gedagtes afsluit. Hulle moet dan geleer word dat hulle beheer kan uitoefen oor waar hulle aandag gefokus word. Hulle aanvaar bloot dat hulle niks verstaan nie en besef nie dat hulle nie luister nie. Eisende en verwytende gedrag en opmerkings verwek spanning en sal nie daartoe bydra dat die kind leer hoe om beheer uit te oefen oor hoe hy sy aandag kan fokus nie. Kort brokkies interessante inligting wat vir die kind op 'n aangename en ontspanne manier aangebied word, is hier produktief. Daar is byvoorbeeld talle rekenaar- en ander speletjies wat konsentrasie bevorder.

Wanneer die kind suksesvol konsentreer of sy aandag akkuraat fokus, moet dit aan hom uitgewys word. Wanneer hy nie sy aandag fokus nie, behoort dit op nie-bedreigende wyse aan hom uitgewys te word, sodat hy die verskil kan beleef.

Vir die bevordering van konsentrasie kan jy talle speletjies skep wat die hele gesin betrek. Die toentertydse speletjie "goed in die hoed" werk goed. Elke persoon kry 'n geleentheid om 'n bepaalde getal objekte in 'n hoed te versamel. Die inhoud van die hoed word op 'n tafel uitgegooi en vinnig teruggepak. Elkeen moet neerskryf wat hulle gesien het. Dit kan uitgebrei word na 'n genoemde getal woorde, name, syfers of wat ook al wat die ander moet nasê of neerskryf. Dit bevorder natuurlik ook korttermyngeheue.

Wanneer die gesin saam na 'n fliek kyk, kan daar vooraf 'n spesifieke opdrag gegee word soos "kom ons kyk wie kan al die karakters se name onthou" of "let op na elke persoon se kleredrag" of "probeer al die buitetonele onthou". Die kind sal so leer watter aksie hy moet uitvoer om te konsentreer en in die gewoonte kom om vir langer periodes sy aandag te fokus.

Daar is eindelose geleenthede binne elke dag waar jy die kind wat in die gewoonte gekom het om nie sy aandag te fokus nie, op 'n niebedreigende wyse kan wys dat 'n mens dit waarop jy konsentreer, bemeester. Die kind sal weldra agterkom dat dit wat hy nie verstaan nie 'n gevolg is van dit waarop hy nie konsentreer nie.

Jy het al uit dure ondervinding geleer dat jou kind se dieet sy gedrag ingrypend beïnvloed. 'n Hoë inname van rietsuiker in lekkergoed en koeldranke produseer kitsenergie wat die kind die een oomblik hiperaktief kan laat voorkom en hom 'n ruk later uitgeput en lusteloos kan laat voel. Baie kinders het veral deesdae allergiese reaksies op bestanddele in preserveermiddels en medisynes. My suster het byvoorbeeld bevind dat haar dogtertjie wat baie siek was as kind, glad nie kon slaap na die toediening van verskeie tipes medikasie nie. Sy het rusteloos, huilerig en geïrriteerd voorgekom. Dié gedrag toon sy steeds na die inname van sekere preserveermiddels en voedselsoorte.

Simptome van hiperaktiewe gedrag waar hiperaktiwiteit nie as fisieke toestand bestaan nie, kan dus onder die volgende omstandighede voorkom:

- Frustrasie as gevolg van 'n leerprobleem.
- Leerstof wat oninteressant of onverstaanbaar aangebied word.
- Gewoontegedrag.
- Die kind wat te vroeg skool toe gaan.
- 'n Emosionele blokkasie.
- Ongesonde eetgewoontes.

Hoofstuk 6

Voorkoming van leerprobleme

Die kind moet oor bepaalde perseptuele vaardighede beskik om te kan leer lees, skryf en reken. Leerprobleme ontstaan dikwels as gevolg van die afwesigheid van bepaalde perseptuele vaardighede by die kind wanneer hy skool toe gaan. Soms is 'n bepaalde vaardigheid onderontwikkel as gevolg van gebrekkige stimulasie. Alhoewel daar talle opvoedkundige speletjies bestaan wat die ontwikkeling van sommige perseptuele vaardighede stimuleer, gebeur dit dat ander perseptuele vaardighede nie gestimuleer word nie om een van die volgende redes:

- Die kind vermy sekere tipes aktiwiteite waarin hy nie 'n natuurlike aanleg het nie of waaroor hy 'n emosionele blokkasie ontwikkel as gevolg van negatiewe terugvoer of onsekerheid.
- Die lae frekwensie van speletjies wat bepaalde perseptuele vaardighede stimuleer.
- Onkunde by die ma oor watter perseptuele vaardighede aangeleer behoort te word.
- Onduidelike of foutiewe literatuur van opvoedkundige speletjies.
- Die kind het 'n voorkeur vir bepaalde aktiwiteite.
- Die kind het min of geen maatjies van sy eie portuurgroep.
- Die kind gaan om een van verskeie redes nie na 'n voorskoolse klas voor hy skool toe gaan nie.
- Die kind is milieugestremd a.g.v. gebrekkige stimulasie en tyd wat met die kind bestee word.

Die aanleer en ontwikkeling van perseptuele vaardighede behoort op voorskoolse vlak aangeleer te word en word onderskei van formele leer. Alhoewel die algemene siening wat gehuldig word, is dat die aanleer van perseptuele vaardighede wat gebrekkig ontwikkel het nie na die ouderdom elf reggestel kan word nie, het ons by die kliniek bevind dat die aanleer van 'n bepaalde perseptuele vaardigheid selfs by volwassenes leer aansienlik vergemaklik. Die siening, glo ek, spruit hoofsaaklik daaruit dat perseptuele uitvalle wat tot leerprobleme aanleiding gegee het, moeilik opspoorbaar is na elfjarige ouderdom. Ons moet hier in gedagte hou dat ons praat van die kind met 'n normale intellektuele vermoë wat daartoe in staat is om te kompenseer vir sy eie onvermoëns of om sy foute te verbloem. In hoofstuk 3 het ek verduidelik dat die kind met leerprobleme dikwels laat geïdentifiseer word as gevolg van sy vermoë om gebrekkige perseptuele vaardighede te verbloem.

Die doel van hierdie hoofstuk is hoofsaaklik om ouers en onderwysers in te lig oor hoe om voorkomend te werk te gaan. Hierdie hoofstuk het dus hoofsaaklik betrekkking op die voorskoolse kind. Jy sal moontlik selfs by ouer kinders die afwesigheid van 'n bepaalde perseptuele vaardigheid kan identifiseer en verstaan waar jou kind se leerprobleem begin het. Onthou dus dat dit in hierdie hoofstuk gaan om voorkoming van 'n leerprobleem. Sou jou kind ouer wees as voorskoolse vlak en 'n leerprobleem bestaan reeds, is dit nie 'n verlore saak nie. In hierdie boek wil ek juis in hoofsaak 'n vonkie hoop bring en 'n stukkie van die pad verlig waarop jy en jou kind met die leerprobleem nou stap, ongeag sy of haar ouderdom.

Die stimulasie van bepaalde visuele en ouditiewe perseptuele vaardighede by die kind op voorskoolse vlak is belangrik omdat die vaardighede voorvereistes is vir effektiewe leer. Waar daar reeds met formele onderrig begin is in die eerste twee skooljare en 'n leerprobleem is aanwesig as gevolg van onderontwikkelde perseptuele vaardighede, kan die ouer die bepaalde vaardighede eweneens stimuleer om leer te vergemaklik. Ek sê dus vir jou dat jy deur kennis van die perseptuele vaardighede grotendeels leerprobleme kan voorkom. Waar daar reeds leerprobleme bestaan in die eerste of tweede skooljaar as gevolg van perseptuele uitvalle, kan jy daardie leerprobleme relatief maklik oplos deur die bepaalde onderontwikkelde perseptuele vaardighede te stimuleer deur middel van aktiwiteite wat ek sal uitlig.

Wat is perseptuele vaardighede?

Persepsie kan beskou word as spesifieke betekenishegting deur middel van die oë en die ore. Dit gaan dus om hoe die kind sy wêreld sien en hoe die kind sy wêreld hoor. Is dit wat hy sien en hoor in ooreenstemming met die realiteit? Kan die kind byvoorbeeld sien dat 'n sirkel en 'n driehoek verskillende vorme is of hoor dat daar drie klanke in die woord "kat" is? Die uiteensetting hieronder sal jou beter laat verstaan op watter maniere ons spesifieke betekenisse heg aan wat ons sien en hoor.

Visuele en ouditiewe perseptuele vaardighede en inoefeningsaktiwiteite

Ek sal in hierdie afdeling poog om 'n kort, verstaanbare omskrywing van elk van die belangrikste perseptuele vaardighede te gee en gepaardgaande oefeninge en aktiwiteite wat ontwikkeling van die spesifieke vaardigheid stimuleer. Sodra jy 'n begrip van die vaardigheid het, sal jy in staat wees om volgens die behoeftes en grense van jou omstandighede ander aktiwiteite uit te dink wat dalk meer effektief is.

Dit is soveel lekkerder en goedkoper (!) om saam met jou kind of die hele gesin speletjies te skep. Jy kry dan dalk op die koop toe die geleentheid om daardie swak ontwikkelde vaardighede wat jou selfvertroue so 'n knou gegee het, te verbeter.

Vaardigheid en omskrywing Visuele perseptuele vaardighede	Aktiwiteite vir bevordering
Analise en sintese Dit is die vermoë om te kan waarneem hoe objekte, prente, beelde, woorde ens. opgebreek kan word in onderskeie dele of uitmekaargehaal kan word en weer aamekaargesit kan word. 'n Uitval lei tot 'n onvermoë om letters saam te voeg om woorde te vorm.	– Legkaarte bou. – Die napak van patrone op pennetjiesborde. – Die skommeling van letters binne-in 'n woord. om nuwe woorde te vorm. – Speletjies soos "Scrabble" en "Word Zap" ('n rekenaarspeletjie). – Boublokke. – Viltborde waarop prentjies nagepak word met stukkies vilt of materiaal. – Neem enige prent en sny dit op in dele van verskillende vorms. Die dele moet weer so langs mekaar geplaas of geplak word om die oorspronklike prent te vorm. – Pak patrone met vuurhoutjies na. – Teken vorms na op 'n dotjieblad:

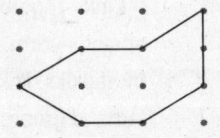

Visuele diskriminasie
Dit is die vermoë om ooreenkomste en verskille tussen vorms, letters en woorde waar te neem.

'n Uitval lei tot swak spelvaardighede a.g.v. verwarring van letters soos "a" en "o".

– Bingo-speletjie met prente (Vier kaarte met 'n aantal prentjies op. Los kaartjies met prentjies wat op die ooreenstemmende blokkie op die kaart gepak moet word. Daar is bv. drie verskillende donkies met klein verskille, bv. die een se oë is toe terwyl die ander se oë oop is en die derde se een voet effe opgelig is.)
– Voltooi halwe prente.

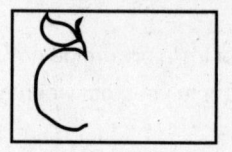

– Soek die maats

| pdb/pdb | dpb | pdd | pqb |

– Vind die verskille tussen prente wat ooglopend dieselfde lyk (dikwels in kompetisies in koerante en tydskrifte).

Ruimtelike verhoudings
Dit is die vermoë om die posisie van voorwerpe in ruimte waar te neem.

– Links-regs opdragte wat in speletjievorm aangebied word, bv. raak jou linkeroor met jou regterhand (gee die opdragte vinnig opeenvolgend en ken punte toe).

'n Uitval hier lei tot die omruilings van letters in 'n woord en tot "b"- en "d"-verwarrings.

– Pyltjiekaart.

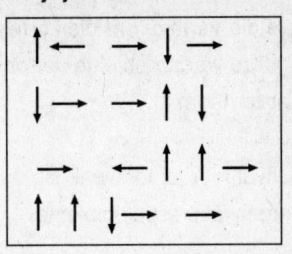

↑ ←	→	↓	→
↓ →	→	↑	↓
→	← ↑	↑	→
↑ ↑	↓ →	→	

– Wys na verskillende pyltjies. Die kind moet dan links of regs beweeg of opspring of op sy hurke sit.
– Dieselfde pyltjiekaart kan gebruik word om die kind sy linkerarm te laat uitsteek, ens. of om die korrekte verbale respons te gee (hy moet sê "links" of "af" ens.).
– Trek die "b" na op 'n groot bladsy of op die strand. Oefen die "b", "d" en "p" afsonderlik in. Die vorms van die letters kan in bewegings nagemaak word.
– Speel "Simple Simon said".
– Plaas voorwerpe op 'n tafel en die kind moet hulle plasing ten opsigte van mekaar verander.
– Vra die kind om korrekte aanwysings na die kafee, kerk, ens. te gee.
– 'n Ry enerse voorwerpe. Gee opdragte soos "kleur die eerste kers in", "waar is die skoen heel regs"?.

Visuele opeenvolging
Dit is die vermoë om die korrekte volgorde waarin objekte vertoon word, waar te neem.

'n Uitval hier lei tot swak sigwoordeskat en spelprobleme.

– Flitskaarte met rye letters, woorde of prente.
– Speelkaarte waarvan eers drie, dan vier, ens. uitgepak word.
– Pak voorwerpe een na die ander op 'n tafel uit en neem hulle weer weg. Die spelers moet die volgorde waarin die voorwerpe uitgepak is, neerskryf.
– Pak 'n ry blokkies van verskillende kleure uit. Neem dit weg en die kind moet dit napak.

Visueel-motoriese integrasie
Dit is die vermoë om visuele stimuli met beweging te koördineer.

'n Uitval hier lei tot inkorrekte uitspraak van woorde.

– Gooi 'n opgefrommelde stuk koerantpapier van een hand na die ander.
– Balspeletjies.
– Gooi 'n sponsbal teen die muur en vang dit.

Visuele geheue
Dit is die vermoë om reeds waargenome prikkels te erken.

'n Uitval hier lei tot swak sigwoordeskat, swak spelvaardighede en begripsvorming.

– Goed in die hoed.
– Flits 'n prent en die kind moet die detail weergee.

Visuele sluiting
Die vermoë om 'n figuur te identifiseer wanneer sekere gedeeltes ontbreek.

– Pak prentjies van sekere onderdele van bv. 'n fiets uit. Die kind moet weet dat al die

onderdele deel van 'n fiets uitmaak.
– Pictionary.
– 'n Speletjie waarin geboue, diere, ens. geïdentifiseer moet word deur net die mees tiperende eienskap van daardie objek te teken.

Een van die basiese voorvereistes vir die ontwikkeling van visuele persepsie is die gebruik van liggaamsdele in verhouding tot konkrete voorwerpe. Die oë moet die liggaam lei om sy beweging te verken. Beweging is dus baie belangrik. Opdragte soos "spring bo-oor", "kruip onderdeur", "kom ons trek die 'b' op die sand na met ons voete", ens. is by die aanvang van die aanleer van visuele perseptuele vaardighede belangrik.

Ouditiewe perseptuele vaardighede
Vaardigheid en omskrywing   **Aktiwiteite vir bevordering**

Analise en sintese
Dit is die vermoë om woorde in klanke op te breek en weer saam te voeg en om meerlettergrepige woorde in lettergrepe te verdeel en weer saam te voeg.

– Klank eers woorde met twee letters. Doen dit ritmies deur met bv. 'n potlood op 'n tafel te tik by die uitspraak van elke klank. Voeg toenemend al hoe meer klanke by.

– Klap 'n ritme met die hande en die kind moet 'n woord sê wat volgens die lettergrepe so klink. Vir die woord "pad-da-stoel" sal daar bv. drie keer met

Ouditiewe volgorde
Dit is die vermoë om gesproke letters, woorde of syfers in die korrekte volgorde weer te gee.

Ouditiewe geheue
Dit is die vermoë om gesproke inligting te onthou.

Ouditiewe diskriminasie
Dit is die vermoë om te onderskei tussen woorde wat verskillend klink, tussen die intensiteit en toonhoogte van klank.

Ouditiewe sluiting
Dit is die vermoë om te bepaal watter klank of woord uit 'n logiese reeks klanke of woorde weggelaat is.

die hande geklap word met tussenposes van een telling.

– Speletjies waarin telefoonnommers en absurde sinne voorgesê word en nagesê moet word, kan hier sinvol aangewend word.
– Memoriseer registrasienommers van motors.

– Die navertel van stories.
– Die aanleer van liedjies.
– Beantwoord vrae oor radio- of televisiestories.

– Sê woorde wat amper dieselfde klink met jou rug na die kind gedraai. Die kind moet dan identifiseer watter klank in die twee woorde verskillend is.
– Identifiseer verskillende musiekinstrumente in bekende liedjies.
– Sing in verskillende stemme.

– Noem bv. die name van die dae, van die weke of maande van die jaar en laat enige een weg.
– Spreek onvolledige woorde uit waarvan een klank of lettergreep weggelaat word.

Ouditiewe figuur-grond
Dit is die vermoë om op relevante ouditiewe inligting te fokus en dit van ander geluide te onderskei.

– Die identifisering van bepaalde musiekinstrumente in bv. 'n simfonie.
– Speel musiek terwyl jy 'n storie voorlees.

Die aanwend van ritme by die stimulasie van die ontwikkeling van al die ouditiewe, perseptuele vaardighede is baie effektief. .

Elke dag bied legio geleenthede vir die stimulasie van die ontwikkeling van perseptuele vaardighede. Al die vaardighede kan op informele wyse en deur medium van speletjies aangeleer word. Hoe meer die kind dit geniet en hoe minder bedreigend dit aangebied word, hoe meer effektief en produktief sal die aanleer van die bepaalde vaardighede wees. Jy hoef nie duur speletjies en apparate aan te koop nie – jy kan bloot die beskikbare tyd en ruimte kreatief benut.

Indien jy wel sinvolle leesstof en bruikbare werkboeke vir die aanleer van perseptuele vaardighede wil hê, beveel ek die *Remediëringsreeks* 1-9 van Isabel Pretorius sterk aan. Dit is 'n reeks bekostigbare, dun werkboeke met duidelike aanwysings.

Hoofstuk 7

Waarheen met my kind met die leerprobleem?

Jy lees waarskynlik hierdie boek omdat jou kind 'n leerprobleem het, of dalk omdat jy nou betrokke is by so 'n kind of kinders. Die simptome wat ek bespreek, erken jy in jou kind. Jou kind se gedrag toon ooreenkomste met dié van Johan, of dalk tree jou kind op soos Andrew of Louise. Jou eie emosionele pyn het jy dalk gereflekteer gesien in optredes van een of verskeie ma's se reaksies op hulle kinders met 'n leerprobleem. Jy weet daar skort niks met jou kind se vermoë nie – sy I.K.-telling is gemiddeld of bogemiddeld. Jou kind is 'n onderpresteerder en skoolwerk is die huismonster wat die gesin se harmonieuse samesyn ontwrig. Moontlik het jy nou 'n beter begrip van die aard van jou kind se probleem en is jy bereid om jou gedrag in die hantering daarvan te verander. Jy besef dalk nou dat jou kind nie lui is nie, dat jy nie die probleem kan dood straf of dit ignoreer of volle verantwoordelikheid daarvoor aanvaar nie. Jy wil nie meer toelaat dat die leerprobleem die fokuspunt is van meeste aktiwiteite in jou huishouding nie. Jy wil die probleem in perspektief sien en sover moontlik 'n geaktualiseerde lewe lei waar daar tyd en plek is vir jou eie behoeftes en die lief en leed van jou geliefdes.

Indien jy op hierdie punt is, het jy ver gevorder. Die insigte en voornemens sal daartoe bydra dat jou ingesteldheid en houding jeens jou kind positief verander. Die konflik sal verminder indien jy bereid sal wees om jouself positief te bearbei om die doelwitte te bereik. Die verandering in die interaksie tussen die gesinslede sal nie oornag gebeur nie, maar dit sal gebeur. Sodra die kind weer sy regmatige plek in jou huishouding verkry en nie bestaan as probleem wat gestraf of getroos moet word nie, sal sy selfvertroue toeneem. Selfvertroue alleen, sonder formele stappe om die probleem op te los, sal alreeds 'n reuseverskil bewerkstellig. Die kind se waaghouding sal toeneem en daar waar net toenemende onsekerheid en wanhoop was wat gereflekteer word in rebelsheid of ingetoëndheid, sal 'n vonkie hoop ontstaan. Die kind sal hier en daar 'n tree waag waar hy begin glo het dat hy nie kan loop nie. Op 'n dag sal hy dalk met 'n glimlag en 'n goeie toetspunt tuiskom.

Daar sal terugslae ook wees, maar jy kan hom herinner aan sy suksesse. Twee suksesse uit tien probeerslae kan groei tot drie, vier . . . Die mees waarskynlike reaksie op agt mislukkings is wanhoop. Wanhoop labiliseer en veroorsaak dat die kind nie wil probeer nie, nie wil waag nie. As jy perspektief behou, bly glo en weet dat jou kind allereers mens is, dat twee suksesse beteken dat hy tien ook kan behaal, kan jy hom help om na die agt mislukkings steeds te waag. Onthou dat dit steeds nie jou verantwoordelikheid is dat jou kind die tien suksesse sal behaal nie. Dit is wel jou verantwoordelikheid om op sy suksesse te fokus en om in interaksie te bly met jou kind as mens, buite sy skoolwerk. Dit is jou verantwoordelikheid om 'n veilige hawe te bied, aanvaarding te gee en om spontane interaksie met almal in jou huisgesin te geniet.

Jy wil nou waarskynlik sê, "Maar die probleem bestaan steeds! Wat moet ek met die probleem doen? My kind kan steeds nie behoorlik lees of spel nie!" Belangriker as wat jy prakties kan doen om die probleem op te los, is die voorafproses, die fondament.

Die eerste stap in "waarheen met my kind met die leerprobleem" is, HELP BOU AAN JOU KIND SE SELFVERTROUE.

Die bestanddele wat jy nodig het om 'n brousel mee aan te maak wat jy hom kan ingee vir selfvertroue is nie apparate en dinge wat jy moet aankoop of formele kennis waaroor jy moet beskik oor hoe om 'n leerprobleem op te los nie – dit lê in die liefde in jou hart. Ek stel voor dat jy weer hoofstuk 4 lees en jouself vergewis van die moontlike gewoontegedragspatrone waarin jy verval het in jou hantering van jou kind met die leerprobleem. Hier wil ons juis wegkom van spesifieke hanteringswyses van die probleem self. Ons wil hê dat jy as moeder met jou unieke kind in interaksie sal wees; dat jy hom liefde en aanvaarding as mens sal gee sodat hy menswaardig sal voel. Om by te dra tot die groei van jou kind se selfvertroue moet jy doen dit wat jy die heel beste kan doen – jy moet gewoon net ma wees.

Vir 'n pa is die kind met 'n leerprobleem dikwels 'n baie groot probleem. Ek dink dat die simboliese waarde wat ons kultuur aan "man van die huis" en "pa" geheg het, ongelooflike hoë eise aan 'n pa stel. 'n Pa moet die regte besluite kan neem, hy moet broodwinner wees, hy moet leier van sy gesin wees. Daar is lankal nie meer die ondersteuningstrukture in ons huisgesinne om daardie rol wat die pa moet vervul, in stand te hou nie. Die man kan nie meer enkelbroodwinner wees nie. Die geëmansipeerde vrou laat nie die man meer toe om leiding te neem nie. Die pa dra egter nog die kleed van die outoriteitsfiguur wat ons hom omgehang het. 'n Pa voel 'n baie groot verantwoordelikheid, dink ek, dat hy dinge "reg moet laat verloop". Wanneer 'n kind met 'n leerprobleem opduik, loop dinge nie meer klopdisselboom nie.

In my ondervinding het ek gevind dat pa's 'n groter geneigdheid het om 'n leerprobleem as 'n swakheid te beskou. Sommige pa's verwerp sulke kinders. Ander weier om dit te erken asof dit 'n weerspieëling van 'n onvermoë in hulleself is.

Soms wil dit vir my voorkom asof die pa dink dat hy sy harde buitekant wat hoë eise stel, behoort voor te hou. Die rol wat hulle moet vertolk, is die van "gogga-maak-vir-baba-bang". Hulle veroordeel, straf en dissiplineer teen hulle eie behoeftes in om spontane, warm, emosionele bande met hulle kinders te smee. Ma's versterk daardie rolle dikwels net soos wat ons kultuur dit doen.

My pleidooi aan pa's is dat hulle nie emosioneel afwesig moet wees nie, dat hulle nie konstant veroordelend hoef te wees nie. Derduisende kinders poog hulle lewe lank om goed genoeg te "perform" om aan hulle pa's se eise te voldoen en hulle kry nooit daardie erkenning nie. 'n Kind wat 'n boodskap kry van "ek is nie goed genoeg nie" se selfbeeld word aangetas.

By die kind met 'n leerprobleem speel die pa 'n kardinale rol. Minder as ooit moet die pa hier die rol van diktator en regter inneem. Jou kind het jou aanvaarding nodig, anders kan hy nie probeer om die struikelblok in sy pad te oorkom nie.

Sprokies is skatkiste vol wonderlike lewenswaarhede. Die belang van die selfbeeld word uitstekend in Raponsie uitgebeeld. Daar waar sy in 'n hoë toring weggesluit is, is sy ook gevangene van haar oortuiging dat sy baie lelik is. Sy gooi haar pragtige goue lokke by die venster uit waarteen 'n prins opklim om haar van haar pyn te bevry. In sy oë sien sy haar skoonheid gereflekteer en sy raak bevry van die oortuiging dat sy onaanskoulik is. John Powel (1967) sê dat aldus dr. Maltz die negatiewe selfbeeld die grootste oorsaak is vir mislukking en ongelukkigheid.

Die probleem self moet ook aangespreek word, ja. Ek wil amper vir jou sê om hier op te hou met lees indien jy nog nie die belang van die eerste stap besef nie. Moet nie haastig voortlees om by die praktiese hanteringswyses uit te kom nie. Indien daar nie aan jou kind se selfvertroue gebou word nie, gaan wat volg van nul of gener waarde wees. Dit is jou eerste en belangrikste en eintlik enigste verantwoordelikheid (die res is die verantwoordelikheid van mense met gespesialiseerde opleiding). Dit bly ook dwarsdeur die proses van die aanspreek van die probleem jou verantwoordelikheid. Jou kind kan nie doen wat hy nie glo hy kan doen nie, al het hy die vermoë.

Nou goed, waarheen met jou kind? Wie gaan formele aandag skenk aan sy lees-, spel- en/of rekenvaardighede?

1. Doen by jou kind se skool aansoek dat jou kind deur die skoolkliniek getoets word. Gaan praat met die skoolhoof

en sê dat jy vermoed dat jou kind onderpresteer as gevolg van 'n leerprobleem. Jy wil graag weet hoe lank dit sal neem voordat jou kind getoets word.

Jy tref dit dalk gelukkig en daar is nie 'n lang waglys nie. Die prosedure is dan dat jou kind getoets word en dat daar 'n remediëringsterapeut aan jou kind toegewys word. Dring aan op 'n bespreking van die toetsverslag en vra dat die remediëringsonderwyser met jou in kontak moet bly.

Indien daar 'n lang waglys is of as jou kind se probleem nie ernstig genoeg is om deur die skoolkliniek hanteer te word nie, is daar ander alternatiewe.

2. Skakel die universiteit wat die naaste aan jou geleë is. Reël 'n afspraak met 'n terapeut by die kinderleidingskliniek. (Sommige universiteite het kinderklinieke, ander het Opvoedkundige Sielkundedepartemente en ander sentra vir regstellende opvoeding.) Vra dat daar 'n perseptuele ondersoek sowel as 'n formele evaluasie gedoen moet word. Na toetsing word die verslag met jou bespreek en indien jou kind nie deur 'n student wat besig is met sy internskap gehelp kan word nie, word 'n verwysing gewoonlik gedoen. Onthou dat jy nie slegs 'n I.K.-toetsing verlang nie, maar ook 'n diagnostiese ondersoek. Jy moet dit aan die betrokke persoon stel dat jy vermoed dat jou kind onderpresteer weens 'n spesifieke leergeremdheid.

Moontlik is daar nie 'n universiteit naby jou geleë nie, of dalk is daar ook 'n te lang wagperiode, of jy verkies dalk om na 'n privaat persoon te gaan.

3. Jy kan jou kind met 'n leerprobleem deur 'n privaat praktiserende sielkundige laat evalueer. Dit is baie belangrik dat jy op die volgende sal let in hierdie verband.

3.1 Nie alle sielkundiges doen toetsings nie.

3.2 Vergewis jou vooraf dat die betrokke sielkundige met kinders werk.

3.3 Stel dit duidelik dat jy nie net 'n I.K.-toetsing verlang nie, maar ook 'n perseptuele ondersoek omdat jy vermoed dat jou kind 'n spesifieke leerprobleem het. Formele skolastiese toetsing om die kind se spel-, lees- en rekenvaardighede te bepaal, moet ook afgeneem word. (Nie alle sielkundiges beskik oor die gestandaardiseerde skolastiese toetse nie.)

3.4 'n Praktiserende psigoterapeut kan nie 'n leerprobleem hanteer nie. (Die sielkundige sal moontlik voorstel dat aanverwante probleme soos lae selfbeeld, ens. deur middel van psigoterapie reggestel kan word. Jy moet self besluit hoe ernstig hierdie sekondêre probleme is. In sommige gevalle is spelterapie of psigoterapie raadsaam vir kinders met leerprobleme indien daar ernstige gedragsprobleme a.g.v. die leerprobleem ontstaan het!)

3.5 Of jy nou besluit of terapie by die sielkundige nodig is of nie, moet jy in elk geval allereers die leerprobleem laat aanspreek.

3.6 Vra vir 'n verwysing na 'n remediëringsterapeut ('n persoon opgelei in remediërende onderrig) na wie jy die sielkundige evalueringsverslag neem. (Ongelukkig sal dit waarskynlik 'n soektog afgee.)

4 'n Volledige evaluering sowel as die aanspreek van die leerprobleem kan by privaat remediëringsinrigtings hanteer word.

Die enigste privaat remediëringsinrigtings waarvan ek

kennis dra, is die ILNA-remediëringsklinieke in Table View, Bellville en die Paarl. (Stigters: Helena Bester en Ilse Theunissen.) Tel. 021 949-4720.
– Die remediëringshulpsentrum van Isabel Pretorius in Pretoria doen wonderlike werk. (Tel. 012 997-2423.)
– Dr. Louis Naudé (voorheen professor in Ortopedagogiek aan die Universiteit van Stellenbosch) het pas 'n netwerk vir remediërende konsultasiedienste begin. (Tel. 021 92-3233.)
– Jy dra moontlik kennis van 'n privaat persoon wat opgelei is in remediërende onderrig in jou omgewing.

Wanneer jy gaan hulp soek vir jou kind met 'n leerprobleem moet jy onthou dat 'n kind met 'n leerprobleem remediërende intervensie benodig – ekstra klasse of hulpklasse of spelterapie of psigoterapie sal NIE die leerprobleem regstel nie.

Hoofstuk 8

'n Paar wonderwerke

Ek verwys na die drastiese veranderinge wat by kinders met leerprobleme onder ons oë ingetree het, as wonderwerke. Deur God se genade het omstandighede so saamgeloop dat kinders vir wie die wêreld onverstaanbaar en bedreigend was, weer vry kan verken en leef. Wonderwerke, ontluiking van bevange kinders tot stralende kinders, bring hoop – daarom deel ek dit met jou. Groot dinge – die papie wat vlinder word, nuwe lewe wat uit 'n dooie koue winterland bars – gebeur dikwels stil. My mentor het my oë daarvoor oopgemaak. So gebeur grootse veranderinge binne individue ook – byna onopmerklik, maar wonderlik. Ek het vroeër verwys na die mooiste glimlag wat ek ooit gesien het. Jacques se glimlag was so 'n wonderwerk. Sy glimlag het stil en diep vanuit sy binnekant gekom. Dit het sy gesig verlig met die lewenslus in hom wat lank verborge was.

Jacques se glimlag

Jacques was onseker, bang en kwaad. Hy moes weer eens uitgelewer word aan iets waarin hy geen keuse het nie. Hy moes tydens die soveelste toetsing weer aan eise probeer voldoen waarby hy nie kon bykom nie. Dit was eintlik net weer nog 'n vonnis. Hy word van sy ma losgeskeur, omgedop, bekyk en teruggehandig soos een wat kaal gestroop en met koue ondersoekinstrumente gemeet en betas word. Dan volg die kliniese veroordelende gesprek wat hy hier en daar iets van verstaan. Jacques se ma het voor hom gepraat oor hom. Elke nou en dan het sy, asof sy skielik onthou dat hy ook teenwoordig is, haar stemtoon verander en hom koetsjiekoeërig aangespreek. Dan is Jacques weer uitgesluit asof hy êrens buite gaan speel het en dan het mev. Desmond met 'n fluisterstem, terwyl Jacques aan haar vasklou, bo-oor sy kop en ore, met uitgerekte nek vertroulike inligting oor haar ongemak aan my meegedeel. Ek het seergekry tot binne-in Jacques. Ek het gevoel hoe slaan die woorde soos haelkorrels op die klein lyfie wat skuiling soek. Die boodskap was "I am naughty", "I cause many problems", "I inflict pain on those I love", "There is something terribly wrong with me".

Ouers besef dikwels nie die skewe boodskappe wat hulle kinders oor hulleself in ouers se gesprekke met ander kry nie. Hulle is dikwels desperaat en angstig om met iemand te praat wat sal verstaan of wie kan help. Ma's hou dikwels hulle kinders styf teen hulle vas – in 'n beskermende aksie – en praat terwyl hulle glo die kind hoor nie. Hulle interaksie met die kind is dié van beskerming, terwyl hulle beleef dat hulle interaksie met ander volwassenes buite die persepsie van die kind lê. Noodwendig probeer ek enige gesprek oor 'n kind in sy teenwoordigheid verhoed. Soms is daar so 'n stortvloed van desperaatheid wat uit die ma losbars, dat ek dit nie betyds kan keer nie.

Ek het nie net 'n meelewing met Jacques se pyn beleef nie. Ek het besef dat dit eindelose dae en nagte se kommer en pyn was wat mev. Desmond so verblind het. •

Jacques wou nie daar wees nie. Hy wou nie weer van sy ma losgeskeur en ondersoek word nie. Dit was te pynlik. Dit was byna asof hy uit sy liggaam ontvlug het. Ek kon hom nie in sy oë sien nie. Ek kon nie met hom kontak maak nie. Ek kon hom nie opgewonde kry oor enigiets nie. Dit kind was voos getoets en moeg, glo ek, van volwassenes wat voorgee dat hulle vriendelik is en hom in elk geval soos 'n objek hanteer. Wanneer 'n volwassene 'n bepaalde stemtoon en 'n glimlag uithaal, glo hulle mos hulle het die vereiste voorspel gespeel en dan mag hulle voortgaan met belangriker dinge.

Ek het my hand na hom uitgehou en vir Jacques gevra om saam met my te kom. Hy het my hand gehoorsaam en willoos geneem.

Jacques se storie was in baie opsigte soos dié van honderde ander. Sy ontwikkelingsmylpale is betyds bereik. Hy was 'n geduldige, normale kind. In die tweede helfte van gr. 2 het die probleme begin. Hy wou nie soggens skool toe gaan nie. Jacques het elke oggend gekla van maagpyn en naarheid. Sy ma moes hom dikwels by die skool gaan haal waar hy in die siekekamer opgekrul gelê het. In die klas het hy dikwels op sy arms gelê en aan die slaap geraak. Die eerste reeks ondersoeke en toetsings was by mediese dokters en spesialiste. Vitamienaanvullings en tonikums is voorgeskryf.

Jacques het selde of ooit 'n skoolwerktaak voltooi. Hy het geweier om voor die klas te lees. Jacques is deur die skoolkliniek getoets. Daar is 'n aanbeveling gemaak dat hy na 'n spesiale skool moes gaan. Op formele vlak het hy niks op skool geleer nie. Die evalueringsverslag het getoon dat Jacques nie oor vaardighede beskik wat hy reeds op voorskoolse vlak bemeester het nie. Op voorskoolse vlak kon hy sy naam skryf, hy het die alfabet geken, hy kon tussen hoof- en kleinletters onderskei, hy kon tel tot by 100 en optelberekeninge tot by 10 doen.

Ek het geweet dat as ek Jacques daardie dag sou toets, my bevinding sou ooreenstem met die skoolkliniek se verslag. Hy sou my nie wys wat hy weet nie, of hy het werklik geglo dat hy niks weet nie. Ek sou minstens met behulp van speletjies dalk 'n perseptuele uitval of wat kon identifiseer – het ek geglo.

Ek het vinnig agtergekom dat ek Jacques nie heuning om die mond kon smeer nie, ek kon hom nie uitlok om in speletjies sy vaardighede te toon nie, ek kon hom nie met 'n storie pamperlang en vrae vra om sy begripsvorming te toets nie. Jacques was buite bereik van enige meetinstrument weggesluit.

Ek het besluit om hom nie te probeer toets nie. Ons het vir amper twee uur geteken op groot velle papier met vetkryte. Ek het die minimum gepraat. Ek het dan en wan vir hom gevra om vir my 'n bepaalde kleur kryt aan te gee. Ek het vir hom 'n paar van my tekeninge gewys en hom daarvan vertel. Ek het myself probeer dwing om nie in waarnemende hoedanigheid daar te wees nie, nie beoordelaar nie, nie as volwassene nie. Na verloop van seker 'n halfuur was daar 'n tipe samehorigheidsgevoel tussen ons. Dalk het net ek dit so beleef. Ek weet nie. Maar dit was lekker. Daar was geen eise nie. Ons was gewoon twee mense wat saam sit en teken het.

Toe mev. Desmond vir Jacques kom haal, het ek net dit gesê: "Jacques and I drew some pictures. I enjoyed it. Please bring Jacques back here tomorrow morning at eight." Mev. Desmond wou natuurlik talle vrae vra. Ek het met gebare aan haar oorgedra dat sy dit net daar moes laat.

Na 'n lang nag het agtuur die volgende oggend aangebreek. Die baie ure se gedink het my met geen plan van aksie toegerus nie. Jacques het direk na die werklokaal gestap. Hy't sy eerste sin met my gepraat: "Where the crayons?" Ek het vir hom gesê waar die kleurkryte is, maar ook vir hom gesê dat ons nie vandag gaan teken nie. Tot my verbasing het hy gevra, "What are we going to do then?"

"I don't know yet," want ek het waaragtig nie geweet nie. "We can either talk or play a game – you decide."

"Talk about what?"

Ek het 'n skietgebed opgestuur dat ek nie so onsensitief sal wees om die geleentheid dood te smoor nie.

Ek het vir Jacques gesê dat hy daar is omdat ek hom wil help. Ek het nodig om sekere dinge van hom te weet. Ek gaan hom vra om sekere vrae te beantwoord, legkaarte te bou en speletjies te speel. Ek gee nie om as hy iets nie kan doen of nie weet nie. Hy moet net asseblief nie vir my sê dat hy nie kan nie omdat hy nie wil nie. As hy iets nie wil doen of beantwoord nie, mag hy so sê.

So het ons toe met die toetsing begin sonder dat ek enigsins die verwagting gekoester het dat Jacques toeganklik sou wees. Die eerlikheid van sy response was vir my byna heilig. Ek was bang om te hard te praat, om te vinnig te beweeg – trouens, om enigiets te doen wat die verskrikte, wilde diertjie wat uit my hand kos kom haal het, te verjaag na die wildernis waarin hy skuil.

Jacques het al die letters van die alfabet geken. Hy kon tussen klanke en letters onderskei. Hy kon inderdaad tot by 100 tel, in twees tot by twintig, en hy kon optel- en aftrekberekeninge doen. Op perseptuele vlak het ek een perseptuele uitval gevind: visuele geheue. Jacques kon selfs nie drieletterwoorde wat ek op flitskaarte geflits het, korrek naskryf nie. Die woorde wat hy moes spel, kon hy spel wanneer ek hulle geklank het. Wanneer ek net 'n woord lees, kon hy selfs die eenvoudigste woordjies nie korrek spel nie. Omdat Engels nie 'n fonetiese taal is nie, leer 'n kind met 'n swak visuele geheue die korrekte spelling van woorde moeilik aan.

Die metode waarvolgens hulle by sy skool leer lees het, was deur middel van sigwoordeskat. Hulle leer woorde herken voordat hulle al die klanke en letters leer. Jacques het op sy analitiese en sintetiese vaardighede staatgemaak om te kan spel. Hy het klanke saamgevoeg om woorde te vorm. Dit het hy van moedersknie aangeleer. Toe hulle op skool volgens 'n ander metode leer lees, het sy wêreld onderstebo geraak. Hy kon nie lees nie, want hy kon nie die woorde onthou nie. Hy het angstig geraak. Spanning en angs beïnvloed geheue nadelig. Dit het uiteindelik vir Jacques te bedreigend geraak om eers te probeer.

Ek het Jacques van voor af leer lees – foneties leer lees. As ek reg onthou, was dit tydens Jacques se vierde sessie dat hy 'n hele leesles van een bladsy met foneties gespelde woorde gelees het. Hy het natuurlik elke woord eers geklank, maar hy kon die bladsy lees! Jacques het gesê, "But I can read!" en 'n glimlag wat die donkerheid voor sy gesig soos 'n gordyn weggetrek het, het sy gesig verlig. My hart wou bars van verligting.

Ons het hard gewerk aan sy visuele geheue. Ek het aan hom die begrip tuisgebring dat dieselfde letterkombinasies in verskillende woorde verskillende klanke vorm. Jacques was nou ontvanklik en bereid om te leer dat "ow" en "ou" dieselfde klank weergee, dat "ow" soms klink soos die lang "o"-klank in Engels, ens. Ses maande later was Jacques se lees- en spelvaardighede op standaard. Hy kon weer waag en wen en lag.

Wie nie waag nie, kan nie wen nie. Wie nie glo nie, kan nie waag nie. Jacques het weer geglo aan sy vermoëns en daarom kon hy waag en groei in die aanleer.

Die rekenmeester het nooit leer lees nie

Die sekretaresse het vir my gesê dat mnr. De Wet vir die derde keer geskakel het. Sy het vir hom gesê dat ons nie met volwassenes werk nie. Mnr. De Wet het voet by stuk gehou – hy wou met my praat. Ek het die gehoorbuis geneem en dadelik begin verduidelik. Ons toetse en programme is saamgestel vir kinders met leerprobleme. Volwassenes wat moeilik leer lees het en veral dié wat gegradueerd is soos hy, het self reeds gekompenseer vir die faktore wat die leerprobleem veroorsaak het. Hulle het ander metodes gevind om te leer, selfs die brein langs 'n ander weg die bepaalde funksie laat vervul.

Mnr. De Wet het my gevra of ek daarin glo dat elke mens 'n kans verdien. Ek glo dit inderdaad! Hy sou daarby berus dat ek hom nie kan help nie indien dit steeds my oortuiging is nadat ek hom op enige manier wat ek goeddink, geëvalueer het. Ons het 'n afspraak gereël.

Voor my was 'n intelligente, gegradueerde persoon wat met syfers kon toor. Hy kon egter nie met begrip lees nie. Ons het begin by artikels uit 'n tydskrif wat ek gedink het by sy belangstellingsveld sou aansluit. Later het ons st. 5-leesstukke op die rekenaar gelees. Wanneer ek die spoed verhoog waarin die woorde op die skerm verskyn en verdwyn, lees hy die woorde in die leesstuk asof hulle met mekaar niks te doen het nie. Hy het dan geen begrip van wat hy gelees het nie en kon die eenvoudigste vragies oor die leesstuk nie beantwoord nie. Wanneer ek hom volblad in sy eie tempo laat lees het, het sy leesspoed op 60 woorde per minuut gemeet. Dit is ongeveer die leesspoedvereiste vir 'n gr. 2-kind.

Ek het opgemerk dat sy oogbewegings nie vloeiend vorentoe was nie, maar dat hy 'n woord lees, sy oë laat terugbeweeg om die vorige woord weer te lees en dan so hortend vorentoe en terug die hele bladsy op die skerm gelees het.

Ek het sy oogbewegings met 'n bewegende voorwerp wat hy met sy oë moes volg, getoets. Wanneer mnr. De Wet se oogbewegings sy eie middellyn moes kruis, het sy oë rondgespring asof hy op tien verskillende plekke moes fokus.

Mnr. De Wet het sy studies suksesvol voltooi deur die studie-inhoud op band te laat voorlees, waarna hy dan geluister het en dit so gememoriseer het. Sy bevordering was nou in die gedrang. In die bevorderingspos waarvoor hy in alle ander opsigte gekwalifiseer het, moes hy omsendbriewe kon lees en interpreteer en bondig tydens vergaderings deurgee. Dit kon hy nie doen nie.

Daar is verskeie middellynkruisingsoefeninge om aktiwiteite wat die samewerking van die linker- en regterbreinhemisfere vereis, te bevorder. Gebrekkige skakeling tussen die twee hemisfere is dikwels aanwesig by kinders met 'n leerprobleem. Toe ek van mnr. De Wet verlang om eenvoudige oorkruisbewegings uit te voer om te bepaal of dit die probleem is op grond van die fluktuering in sy oogbewegings wat opvallend was, het hy letterlik omgeval. Mnr. De Wet kon nie ritmies, alternerend sy linker- en dan regterknie oplig en dit met die teenoorgestelde hand aanraak nie.

Ek het hom gevra om aan my te demonstreer hoe hy 'n spyker in 'n muur inkap. Hy kon nie die spyker in sy linkerhand neem, sy middellyn met sy linkerhand kruis om die spyker teenoor sy regterhand met die hamer te plaas en dit dan inkap nie.

Mnr. De Wet het 'n erge middellynkruisingsprobleem gehad. Daar was die minimum "kommunikasie" tussen sy linker- en regterbreinhemisfere. Bo en behalwe die bewegings en tekenoefeninge wat ons vir die doel aanwend, het ek addisionele oefeninge uitgedink en boeke en kursusse versamel om dit te kon aanbied.

Ek het mnr. De Wet ook na 'n kinestetikus wat saam met ons werk, verwys. Kinestetika gaan kortliks daaroor om te leer deur middel van beweging.

Mnr. De Wet het baie getrou die opdragte wat hy ontvang het, ingeoefen. Hy moes kruipoefeninge doen, marsjeeroefeninge, oogbewegingsoefeninge, ritme van liedjies natik deur elke volgende maatslag met 'n alternerende hand te tik, met albei hande tegelyk dieselfde patrone natrek in twee sirkels waarvan een links en een regs voor hom geplaas is en letterlik honderde dinge wat ons uitgedink het. Die integrasie van die twee breinhemisfere is bevorder.

Na sowat vier maande het ons net gewerk aan oogbewegings en leestegnieke. Mnr. De Wet kon tien maande na hy met volgehoue dapper pogings by die kliniek uitgekom het, vlot lees met begrip. Met sy begripvorming per se het daar niks geskort nie. Hy kon net nie die twee aktiwiteite, lees en begripvorming, koördineer voor sy terapie nie.

Ek het baie respek vir mnr. De Wet se deursettingsvermoë en sy geloof in homself. Hy was die eerste persoon wat my vermoede dat dit nooit te laat is vir remediërende intervensie nie, bevestig het. Die fondament van die suksesverhaal is mnr. De Wet se waaghouding en sy vertroue.

Dit is al moontlike beginpunt vir die oplos van 'n leerprobleem – 'n kind wat nie 'n positiewe selfbeeld het nie, kan nie begin waag nie. Daar is verskillende weë waarlangs regstelling van 'n lees-, spel-, of rekenprobleem kan geskied. Daar is nie verskillende beginpunte nie. Dikwels is ons halfpad teen die berg uit waar ons dan 'n swak toetspunt teëkom waarop twee of tien negatiewe stellings volg wat die kind se onvermoë uitspel. Soos Thomas van ouds, sink so 'n kind of val hy tot onder. Elke onderwyser en elke ouer moet besef dat negatiewe woorde 'n kind se hoop laat verkrummel. Sonder hoop kan die kind nie klim nie, nie streef nie, nie waag nie.

Ginovian die skugtere

Ek weet tot vandag toe bitter min van Ginovian. Daar was een telefoongesprek wat my kollega met Ginovian se ma gehad het. Daaruit het ons wys geword dat hy 'n swart man as pa en 'n Kleurlingma het. Hulle huistaal is hoofsaaklik Afrikaans. Ginovian is veertien jaar oud en het lankal ophou skoolgaan. Sy ma het geskakel omdat Ginovian heeldag in die huis bly. Hy het geen vriende nie en hy gaan nêrens heen nie. My kollega het 'n afspraak gereël en Ginovian het alleen opgedaag. Ons het nog nooit een van sy ouers ontmoet nie.

Nadat my kollega ongeveer 'n maand met Ginovian gewerk het, het ons skommelings aan die plasings gedoen en Ginovian het by my beland. Ek het verneem dat Ginovian opdragte kan lees, verstaan en uitvoer, maar dat hy nie praat nie.

Na my eerste ontmoeting met Ginovian het ek weer besef hoe skandelik min ons weet van kinders van ander kultuurgroepe wat saam met ons dieselfde bodem deel. Ek het aangevoel dat al die "opening lines" wat ek kon bedink om toegang tot Ginovian te probeer kry, nie vanpas sou wees nie. Ek kan nie iets sê oor 'n televisieprogram of 'n rekenaarspeletjie of "roller blades" of die gewone dinge waarmee kinders hulleself besig hou nie. Ek het nie geweet wat sy moedertaal is, tot watter kultuur hy eintlik hoort en hoe tieners van daardie (?) kultuur optree nie. Ek het myself bekendgestel, gesê ek wil hom help, maar weet nog nie mooi hoe nie. Hy het nie opgekyk nie. Ek het sinnetjies dikteer wat hy moes neerskryf sodat ek iets kan begin bepaal. Hy het verbasend goed gespel.

Ek het vir hom gevra waarom hy nie skoolgaan nie en vir hom 'n pen gegee sodat hy op papier met my kon kommunikeer. Hy't geskryf:

"Want ek kan nie lees nie."
"Kan jy lees?" het ek gevra.
"Ek kan nie praat nie," was sy respons.

Ek het uiteindelik agtergekom dat Ginovian baie, baie erg hakkel. Hy het nie altyd gehakkel nie en hy het nie geweet waarom hy begin hakkel het nie. Ginovian se spraakgebrek was dus nie die primêre probleem nie. As sy lees-, spel- en rekenvaardighede net op standaard gebring word en as hy nie begin praat nie, is daar nie 'n kans dat hy eendag 'n werk sal kry nie. Ek of iemand moes iets doen. Ek was nie seker of ek daardie iemand was nie. Hulle telefoondiens is beëindig en sy ouers het nie reageer op die briewe wat ek huis toe gestuur het nie. Ginovian het getrou elke Woensdag halftwee opgedaag. Hy het duidelik geglo dat hy daar gehelp sou word en hy wou gehelp word. Sy tuiswerk was gereeld gedoen.

Hy het verstaan wat hy lees. Ons het toenemend moeiliker leesstukke, begripsvrae en wiskundige berekeninge gedoen. Ginovian was intelligent – dit het duidelik geblyk uit die vordering wat hy getoon het.

Ek het op alle denkbare maniere probeer om Ginovian saam met my op die rekenaar te laat lees. Ek het hom aangemoedig om "agter my aan" te lees. Op 'n goeie dag het hy 'n poging aangewend. Ek het aangehou met lees asof ek nie verbaas was nie en net my kop goedkeurend geknik.

Ons het rympies begin lees terwyl ek my vinger ritmies geklap het. Ek het hom aangemoedig om nie vas te haak by 'n woord wat hy nie kan uitspreek nie, maar as 't ware daaroor te lees en by die ritme te hou.

Later het ek Ginovian met sy rug na my laat sit met sy oë toe terwyl hy rympies wat hy toe al ken, saam met my sê. Plek-plek het ek opgehou en weer ingeval sodra hy vashaak terwyl ek deurgaans ritme aangedui het.

Ons het liedjies begin leer en op musiek saam gesing. Ginovian kon goed noot hou. Terwyl hy sing, het hy glad nie gehakkel nie. Ek het vir hom bande met liedjies op huis toe gegee. Hy moes die woorde neerskryf en die liedjies leer. Sy skugterheid het al hoe minder geword en hy het al hoe geredeliker die liedjies kom sing wat hy geleer het.

Ek het tydens elke sessie vir Ginovian oor en oor laat sê "Ek kan lees. Ek hoef nie bang te wees om te praat nie."

Uiteindelik het ek vir Ginovian gewone leesstukke gegee wat hy by die huis moes gaan oefen. Aanvanklik moes ek saam met hom lees, maar later het hy die leesstukke wat hy tuis voorberei het, op sy eie gelees. Soms, wanneer daar iets gebeur het wat hom angstig maak (die telefoon wat lui of iemand wat onverwags binnekom), het hy weer gehakkel.

Ginovian het kort voor hy by ons weg is met my begin praat. Hy het kort antwoorde gegee op vrae wat ek hom gevra het. Hy het onder andere gesê dat hy by die huis begin praat het en dat hy 'n vriend het met wie hy middae sokker speel en televisie kyk.

Ginovian het een Woensdag nie opgedaag nie. Daarna nooit weer nie. Ek kon hom glad nie opspoor nie.

Ek bid dat daardie krag in hom wat sterk genoeg was om hulp te vra om 'n toe deur oop te stoot, sterk genoeg sal wees om hom te laat aanhou streef. Ek hoop dat hy sy weg sal vind na 'n vry toekoms waarbinne hy nie deur swye aan bande gelê sal wees nie.

Ginovian het nie 'n teksboek-leerprobleem nie. Ek het hierdie "geval" hier bespreek omdat dit 'n kernbeginsel van 'n leerprobleem duidelik illustreer. Soos by Ginovian is daar by elke kind met 'n leerprobleem "iets" wat verhoed dat daardie kind volgens sy vermoë presteer. Daardie blokkasie in die rivier se loop moet opgespoor en verwyder word sodat die rivier weer vry, volgens sy eie krag, kan vloei.

Hoofstuk 9

Leerprobleme ontstaan ook in die klaskamer

Dit was jou roeping. Jy wou met ontvanklike, spontane, onskuldige kinders werk en vir hulle liefde gee. In jou was daar 'n diep oortuiging dat jy die verskil kan maak – jy kan vir kinders met begrip en deernis deure tot wonderwêrelde ontsluit. Bo en behalwe die vakkennis wat jy met geduld sou oordra om hulle toe te rus vir 'n toekomspad, sou jy tussenin juweeltjies in hulle harte plant wat daar sou groei.

Daar is soveel maniere waarop jy onderrig aangenaam sou maak! Jy sou stories vertel op 'n mat in 'n kleurvolle klaskamer vol kindertekeninge en interessante, stimulerende plakkate. En musiek! Waarom gebruik onderwysers nie musiek nie? Julle sou liedjies sing en die kinders sou met koekblikke, ritmestokkies en wat nog alles deelneem aan die aangename manier van leer.

Die kinders sou graag na jou klas kom waar jy hulle met entoesiasme en 'n glimlag inwag met nog 'n verrassing wat jy vir hulle beplan het. Jy sou marionette aan hulle bekendstel en audiobande met ter saaklike interessanthede opneem.

By 'n skool waar ons pas 'n kliniek ingerig het, val die volgende my op: Die kinders stap soos soldaatjies in rye na hulle bestemming met ingehoue energie. Die onderwysers staan op trap en hoek en reguleer die verkeer. Kindergesiggies groet: "Môre, juffrou, môre, juffrou." Juffrou knik met streng gesig die kop of dalk nie.

'n Geskarrel, rondskuif van tafels en stoele volg en dan skril en diep stemme wat bo die lawaai uitbreek met opdragte en dreigemente: "Bly stil!"

"Gee pad uit my klas uit en kom ordentlik binne!" Vanuit sekere klaskamers word die grootste gedeelte van die dertig-minute-periodes 'n gestoei om stilte.

Dit wil soms vir my voorkom asof meeste onderwysers nie van kinders hou nie. Maar dit is nie so nie. Hulle drome is diep begrawe onder 'n konglomerasie van realiteite. Klasgroepe is groot. Kinders is woelig en lawaaierig. Die register moet ingevul word. Fondse moet ingesamel word. Daar was gister nie voorbereidingstyd nie, want die hele middag was in beslag geneem deur sportafrigting en die aand deur nasienwerk. Jou man of vrou is vir jou kwaad omdat jy kwansuis met die skool getroud is.

Ek weet hoe dit voel om agt groepe van dertig kinders elk per dag te moet hanteer. Die helfte het nie hulle huiswerk gedoen nie. Sodra jy gerus is dat hulle breuksomme baasgeraak het, vra een vir jou wat 'n breuk is. Een het van sy pen 'n blaaspypie van frommeltjies papier gemaak en 'n ander wil die klas verlaat.

Nog voordat ons by die hantering van die kind met die leerprobleem in die klaskamersituasie kom, besin ons oor die interaksie tussen die onderwyser en die klas vol kinders in die algemeen. Ons moet hieroor besin as gevolg van die volgende onrusbarende feit: Baie kinders ontwikkel leerprobleme in die skool. Statistiek oor die voorkomssyfer is nie beskikbaar nie, maar dit is 'n vermoede wat bevestig is deur navorsing wat een van die direkteure van die Kaaplandse Onderwysdepartement so pas gedoen het oor kinders met leerprobleme. Ons praat dus hier oor 'n groep kinders wat nie leerprobleme het a.g.v. psigoneurologiese disfunksies, of milieugestremdheid of perseptuele uitvalle of swak motoriese ontwikkeling nie. Hulle betree die skool as kinders wat skoolgereed is en vorder na wense tot op 'n punt. Hulle ontwikkel skielik 'n onrusbarende agterstand in lees-, spel- of rekenvaardighede as gevolg van oënskynlik geen ander rede as die onderriggebeure nie.

Waarom gebeur dit? Waarom ontwikkel die een kind 'n leerprobleem en die volgende een nie? Albei het 'n normale, verstandelike vermoë en word blootgestel aan dieselfde onderriggebeure. My vermoede is dat die een kind meer bestand is teen die "battering" in die klaskamer as die volgende. Hy het waarskynlik 'n beter ondersteuningstruktuur tuis of is dalk minder inkennig of beleef nie dat die onderwyser se ongeduld en beskuldigings op hom gemik is nie. Die een kind ervaar dus angs of skuld wat hom emosioneel labiliseer en die volgende kind se konsentrasievermoë word nie deur hierdie gevoelens beïnvloed nie.

Waarom "batter" ons kinders in die klaskamer? Dit is nie 'n aanklag nie, ek probeer jou nie beskuldig nie. Die realiteit is dat ek kinders vir dertien jaar lank 'n onreg aangedoen het en dat waarskynlik byna alle onderwysers êrens langs die pad 'n kind of twee of tien 'n emosionele blokkasie rondom 'n spesifieke vak of leer in die algemeen laat ontwikkel.

Stop vir 'n wyle hier en herroep drie slegte ervarings wat jy as kind op skool in die klaskamer gehad het rondom 'n onderwyser. Herroep spesifiek ervarings wat jou prestasie negatief beïnvloed het. Indien jy nie kan nie, is jy en jou onderwysers die uitsondering. Ek het aan vyftig professionele mense dieselfde vraag gestel. Ek het antwoorde gekry soos: "Net drie?" en "Ek kan jou dadelik 'n paar noem." Nie een het gesê dat hulle nie minstens drie sulke insidente kan herroep nie. Hierdie mense is almal langer as tien jaar uit die skool uit.

Daar is onregte teenoor ons in die klaskamer gepleeg en ons pleeg onregte teenoor kinders. Waarom? Behalwe die ooglopende redes wat verband hou met die hoë eise wat aan onderwysers gestel word en ongunstige werkomstandighede, glo ek daar is 'n ander belangrike rede. Dit gaan om 'n rol waarbinne ons onsself laat giet.

Wat het gebeur tussen die drome wat jy in jou hart gekoester het oor onderwyser wees en daar waar jy nou in die klaskamer staan? Jy het die onderwysertoga omgehang en 'n "u" geword.

Iets wat ek by my mentor geleer het en uit Ram Dass se

praatjies en video-opnames, is dat 'n mens binne die rol waarin jy geplaas is, die mense met wie jy werk vanuit jouself en nie vanuit die vertolking van jou rol nie, kan ontmoet. Jy is wel binne die rol wat sekere grense en verantwoordelikhede impliseer, maar jy hoef nie die rol te speel nie. Wanneer 'n mens 'n rol vertolk, is jy nie jouself nie en gee jy nie spontaan vanuit jouself nie.

"Even if we may momentarily be secure in our chosen roles, they can still impede the quality of our service at the deepest level" (Dass, 1985).

Die rol van die onderwyser dikteer dat jy dissipline sal handhaaf, dat jou administratiewe take noukeurig afgehandel sal word, dat jy die sillabus sal deurwerk, 'n afrigter van 'n wenspan sal wees, boeke sal nasien, foute sal uitwys. Daar is soveel eise aan die rol verbonde dat 'n mens angstig op die volgende eis fokus terwyl jy nog met die vorige een besig is. Jy is so bang dat jy nie 'n goeie onderwyser gaan wees nie dat jy die kinders in rye en rolle indwing wat jou effektiwiteit sal reflekteer. 'n Mens raak byna soos 'n skaaphond wat 'n trop skape in 'n kamp moet injaag. Jy keer hier, blaf daar, byt nou en dan om jou taak vervul te kry. In die fliek *Babe* leer 'n skaaphond 'n varkie om 'n skaaphond te wees. Die raad wat Babe van die skaaphond kry, is om sy outoriteit af te dwing. Babe kan in sy angstige pogings geen skaap 'n tree laat versit nie. 'n Skaap sê dan vir hom, "All a nice little piggy like yourself need do, is to ask."

As jy gewoon net uit die liefde in jou hart vir die kinders vra om asseblief stil te bly eerder as om in reaksie op jou angstigheid oor die lawaai wat reflekteer dat jy nie 'n goeie onderwyser is nie, dreigemente skree, wat gaan gebeur? Wat gaan gebeur as jy die kinders spontaan en vriendelik groet daar waar jy stroef en stug as outoriteitsfiguur op die trap die wag hou? Een ding is vir seker waar – jy gaan minder moeg wees aan die einde van die dag. Jy is reeds 'n outoriteitsfiguur – jy hoef nie die rol te speel nie. Binne daardie rol kan jy die mens wees wat jy is sonder dat jou outoriteit bedreig word. Die kinders hoef nie vir jou bang te wees voordat hulle na jou sal luister nie. Jy hoef nie 'n heks te word nie. Dit is 'n onaangename rol om te vertolk wat vreeslik baie energie verg.

Ja, 'n mens word moeg – verskriklik moeg van al die kinders wat hulle boeke tuis vergeet en van die gespartel om die hansworse stil te kry en om elke kind voorbeeldig en stil op sy plek te kry, hard aan die werk. Jy kan jouself in 'n toestand opwerk oor elke insident wat daarop dui dat jy nie slaag in jou rol as onderwyser nie en die bondel verskree sodat hulle in alle rigtings uitmekaarspat.

Jy kan ook elke betrokke insident geïsoleerd aanspreek – jy kan die kind in die oë kyk, met hom as mens praat en na hom luister. Dit verg soveel minder energie. Wanneer jy 'n groep verskree oor die skuld van tien, neem die onskuldiges gewoonlik die straf op hulle. Dikwels is dit die stil, gehoorsame kind wat met maagpyn wakker word soggens uit vrees vir die kwaai onderwyser. Dissipline is 'n vereiste van jou rol. Kwaai is nie sinoniem met dissipline nie.

Hoekom het jy as kind nie die onderwyser gevra om aan jou dit te verduidelik wat jy nie verstaan nie? Jy was waarskynlik bang vir die onderwyser wat so besig was om onderwyser te wees en om te kritiseer. Jy was redelik seker dat sy jou sou straf of dink dat jy dom is. By hoeveel onderwysers het jy "compassion" beleef oor 'n fout wat jy begaan het?

Weet jy hoe bevredigend en vervullend dit is om jouself toe te laat om die liefde vir die kind te voel daar waar die ongedurigheid en ongeduld vasgeslaan het as deel van die rol wat jy vertolk? Onthou jy nog wat jy gevoel het toe jy die kinders in die oë gekyk het toe jy begin skoolhou het?

Sien die kind weer raak vanuit jou menswees. Kyk hulle in die oë, luister na hulle, lag saam met hulle. Ontvang hulle liefde. Gee jou liefde – dit is nie buite die regulasies nie.

'n Kind werk hoofsaaklik vir 'n onderwyser, nie vir homself

nie. Hy werk uit vrees of in liefde. Vrees kniehalter 'n kind en verdoof sy sintuie.

Wanneer verloor 'n onderwyser beheer oor 'n klasgroep? Hoofsaaklik, dink ek, wanneer hy nie goed voorbereid is nie en wanneer hy angstig raak oor die doelwitte wat hy binne sy rol as onderwyser aan homself stel. Wanneer jy beheer verloor, word jou lesuur die aanjaag van 'n trop skape en die helfte raak verlore. Dié wat verlore raak by jou, daag verskrik by die volgende onderwyser op en raak daar ook al hoe verder agter.

'n Vriendin vertel hoe sy stomverbaas in die ontvangsarea van 'n versekeringsmaatskappy na 'n telefoniste geluister het. Die vrou het oproep na oproep met dieselfde positiewe entoesiasme hanteer. My vriendin het toe sy die maatskappy weer besoek dieselfde vriendelike toeganklike persoon teëgekom. Toe sy vir haar vra na die geheim van haar skynbaar onuitputlike energie, het die vrou geantwoord, "It's all in front of me." Voor haar het sy enkele gedagtes oor haar doelwitte en haar oortuigings op 'n plakkaat gehad.

As ek weer sou skoolhou, sou ek myself ook herinner aan basiese dinge wat ek weet en glo, soos jy dit weet en glo omdat ons die essensie van wat ons wil bereik, vergeet in 'n oorlewingsoorlog waar ons oorval word met pligte, moegheid en struikelblokke.

Op my "kaartjies" sou waarskynlik die volgende staan: "God does not expect of us to do exceptional things. He expects that what we do we'll do exceptionally well." Die aanhaling staan geskryf by 'n skool se ingang waar ons 'n kliniek het.

Verder sou ek myself aan die volgende dinge herinner:

- Ek is lief vir kinders en ek mag hulle geniet.
- Bepaal of daar 'n kind is wat 'n vrees vir my ontwikkel het. (Een sin en 'n glimlag is gewoonlik voldoende om so 'n vrees te laat kwyn.)
- Gee erkenning aan elke kind se pogings om sy beste vir my te lewer.

- Praat een persoonlike sin met 'n kind wanneer jy vinnig sy huiswerk nagaan.
- Let op na 'n kind wie se prestasie skielik verswak. Stel vas waar hy agtergeraak het en lei hom terug. Indien die tyd ontbreek, verwys hom onmiddellik na 'n remediërings-terapeut.
- Onderrig met liefde, nie met 'n swaard nie.
- 'n Kind neem elke persoonlike aanmerking ter harte.
- Ek laat elke kind met óf 'n letsel óf 'n juweel vir die res van sy lewe.
- My kragte is beperk – nie my liefde nie.
- Ek hoef nooit op 'n kind te skree nie. Hy hoor as ek duidelik genoeg praat.
- Erkenning kweek bereidwilligheid.
- Elke individu is belangriker as die klasgroep.

Die leerprobleme wat a.g.v. die onderriggebeure ontstaan, is meestal die gevolg van vrees. 'n Kind ontwikkel 'n vrees vir 'n onderwyser wat 'n emosionele blokkasie rondom daardie vak of vakke veroorsaak. Vrees laat 'n kind ook beleef dat 'n onderwyser ontoeganklik is. Hy sal dus nie betyds voor die agterstand ontstaan, vrae vra na wat hy nie verstaan nie.

Om 'n duisend keer te sê, "Vra as julle nie verstaan nie," sal 'n vrees wat reeds bestaan, nie verdryf nie. Jy as mens moet die kind as mens aanspreek en nie 'n sin wat deel van jou werkomskrywing uitmaak, oor die groep se koppe uitspreek nie.

Ram Dass sê op een van sy bandjies dat ons die lyding wat ons onkunde in ander veroorsaak, kan verlig. Ons kan dit doen deur die illusie wat ons skep van dat die kind alleen is, op te hef. Jy kan jou gedagtes, jou liefde vir een oomblik op die bang kind rig en in 'n eenvoudige warm, eerlike gebaar daardie kind laat beleef dat hy geborge is.

Vrees is 'n vyand van leer.

Die ideale onderwyser bestaan nie. Jy hoef dit ook nie te wees nie. Ons moet egter voortdurend groei in die werk wat ons verrig, nuwe doelwitte daarstel. 'n Primêre rol wat die onderwyser of terapeut vervul, is dié van helper. Wanneer ons aan ons eie groeiproses werk, word ons effektiewer helpers.

Miskien kan ons daartoe groei dat ons werklik elke kind as 'n skepping van God beskou. Wanneer ons dit ervaar, gaan ons harte oop. Ram Dass skryf in *How Can I Help* (1984): "Caring is the instinctive response of an open heart. When we join together in this spirit, action comes more effortlessly, and everybody ends up nourished."

'n Positiewe ingesteldheid is iets wat ons kan kweek. Positiwiteit is iets wat, wanneer dit gevestig is, gewillig groei. 'n Glimlag ontlok 'n glimlag. Erkenning lei tot bereidwilligheid. Geloof wat ons in 'n mens projekteer, lei daartoe dat daardie mens sy beste vir jou wil lewer. Twee regmerkies groei tot vier, verdubbel tot agt. Fokus op wat die kind reg doen, dan sien hy sy vermoëns en nie sy swakhede raak nie.

Alle kinders verdien dat ons hulle menswaardig sal behandel. Die kind met leerprobleme het ons liefde, erkenning en aanvaarding soveel te meer nodig.

Kom ons beskou dit wat 'n kind lewer nie met 'n oog wat foute soek nie, maar sukses. Veertig persent wat 'n kind vir 'n vraestel behaal, beteken óf dat hy sestig foute begaan het óf dat hy veertig punte behaal het. Hoe die kind sy punte interpreteer, gaan sy waaghouding en bereidwilligheid tot inspanning bepaal. Daardie interpretasie hang van jou houding af. Beteken die kind as lui, dom of onvermoënd en hy sal dit word. Sê vir hom, "Goed, jy het hierdie keer daarin geslaag om vier uit tien reg te kry – mik nou vir agt," en dan sal hy vreesloos en ywerig probeer. Dit is mos wat ons wil bereik – dat elke kind sy beste sal lewer. Wat ons nie wil doen nie, nie mag doen nie, is om 'n vonnis oor 'n kind uit te spreek dat hy onsuksesvol is. Ons wil nie skuldiges uitken en aan die pen laat ry nie – dit is die werk van die gereg. Ons wil 'n bereidwilligheid tot leer kweek en kinders hulle vermoëns laat ontdek.

'n Etiket, 'n vonnis, 'n oordeel kweek 'n ingesteldheid. So dikwels as ons 'n kind veroordeel het tot 'n kind met 'n leerprobleem veg ons om te bewys dat ons diagnose reg was. Ons soek bevestiging vir ons oordeel in elke vraestel wat die kind beantwoord. Talle, talle kinders word in rolle ingedwing deur ons etikette. Ons sien net dit wat in ooreenstemming met die etiket is, raak. Ons brand die swakhede wat ons geïdentifiseer het, in. Ons besluit hierdie kind is 'n C-kandidaat. So word sy A-gehaltepogings gereduseer tot C's. Waarom sal hy aanhou probeer om die A te bereik as hy sien en glo dat hy nie daartoe in staat is nie?

Ons sien daagliks hoe kinders wat wonderbaarlike vordering in bepaalde vaardighede toon, se vordering nie in hulle punte gereflekteer word nie. Eers wanneer ons 'n verslag aan 'n skool stuur oor die vordering van die kind, sien die onderwyser die vordering raak. Soms, selfs dan nog veg die onderwyser daarvoor om sy aanvangsdiagnose te verdedig. Daar is ruimte vir subjektiewe evaluering in baie vakke. Dit gebeur maklik dat 'n onderwyser hom blind staar op 'n eerste indruk.

Kinders wat ontluik, wie se onvermoëns vermoëns word, daag met sluiers oor hulle gesigte by ons op nadat hulle weer eens 'n "E"-simbool vir 'n opstel gekry het. Die kind beleef daardie E as 'n E al is daar by nadere ondersoek 'n dertig persent verskil tussen die eerste E en die E van ses maande later.

Jy ken die frustrasie en pyn verbonde aan nuwe pogings wat aan ou foute gemeet word. Jy daag miskien een dag laat vir 'n vergadering op. Daarna sorg jy, teen moeilike omstandighede in, om altyd betyds of selfs vroeër as betyds by jou bestemming te wees. Drie maande later kry jy 'n pap wiel op pad skool toe en 'n aanmerking soos "al weer laat" word jou toegesnou.

Die onderwyser se hand moet lig wees, sy oordeel positief en nie verdoemend nie. Hy moet daarna streef om erkenning te gee en nie om te veroordeel nie.

Ons benadeel kinders wanneer ons op hulle foute fokus. Ons breek die kind met 'n leerprobleem wanneer ons die etiket "onsuksesvol" ook oor sy suksesse plak of as ons oor sy suksesse swyg.

Marc is twee maande gelede na ons kliniek gebring vir 'n evaluasie. Hy het 'n erge lees- en spelprobleem en talle perseptuele uitvalle. By die betrokke skool is 'n remediëringsonderwyseres wat ongelukkig daaroor voel dat "buitehulp" ingeroep is. Marc toon wonderlike vordering. 'n Evaluasie deur die skoolkliniek is aangevra. Sy I.K.-telling meet bogemiddeld. Daar is 'n beduidende verskil tussen sy verbale en nieverbale vermoë. Die onderwyseres beveel aan dat Marc na 'n spesiale skool vir kinders met leerprobleme verplaas word. Sy poog om verslae van verskeie gesaghebbende persone te verkry om haar besluit te staaf. Dit is baie tragies dat sulke dinge gebeur. Sy beleef waarskynlik dat haar gesag ondermyn is. Marc se ouers is verward. Marc verstaan nie waarom hy nou, terwyl hy besig is om die probleem baas te raak, moontlik na 'n ander skool moet gaan nie. Die onderwyseres werk al vir drie jaar met Marc. Sy het nooit voorheen met so 'n versoek vorendag gekom nie. Ter wille van die kind moet ek haar teëgaan. Ons werk met kinders mag nooit 'n kragmeting tussen volwassenes word nie. As dit vir jou nie om die kind gaan nie, maar om jou gesag as onderwyser, hoort jy nie in die onderwys nie.

Jy hou skool omdat jy 'n liefde vir kinders het, omdat jy 'n diens aan mense wil lewer. Daardie diens wat ons aan mense lewer omdat ons gekies het om met mense te werk, is groter as onsself. Herinner jouself voortdurend daaraan.

Mag jy, wanneer jy terugkyk oor die akker wat aan jou toevertrou is, sien dat die weerlose en swak plantjies tot sterk bome gegroei het. Mag daar minstens een kind wat in jou hande is, hom geroepe voel tot die onderwys as gevolg van die geloof wat jy in hom gehad het. Sonder onderwysers met harte vol liefde en 'n ingesteldheid van dienslewering het ons kinders, ons volk nie 'n toekoms nie.

Ten slotte

Vandat ek hierdie boek begin skryf het, tot nou, het ek en my vennoot by ILNA REMEDIËRINGSKLINIEK talle skole besoek. Die doel van ons besoeke is dat ons 'n implementeringsplan aan die skole voorlê. Volgens die plan kan ons klinieke by skole oprig om die duisende kinders met leerprobleme te bereik. Ons kan die persone wat in remediërende onderrig opgelei is, wie se poste afgeskaf word, in diens neem en hulle toerus met programme, apparaat en kennis wat ons tot ons beskikking het. Ons kan ook so die geleentheid kry om die ouers toe te spreek en in te lig oor die aard en omvang van leerprobleme.

Volgens die nuwe grondwet het alle individue 'n reg op alle inligting en ouers behoort kennis te dra van moontlike oplossings en professionele hulp wat bestaan en 'n keuse te kan uitoefen oor of hulle van 'n bepaalde diens gebruik wil maak. By sommige skole kry ons goeie samewerking en by ander nie. Party skoolhoofde voel bedreig deur die toetrede van privaat instansies tot die onderwyssisteem. Die realiteit is dat die skoolklinieke nie 10% van die leerlinge met leerprobleme kan akkommodeer nie. 'n Verdere realiteit is dat persone in remediërende onderrigposte meestal nie oor die toerusting beskik om optimaal te kan funksioneer nie.

Ek besef dat ons besoeke aan skole, ook ten opsigte van hierdie boek, 'n doel gedien het. Ek het tot baie insigte gekom. Party is pynlik en het my dikwels met wanhoop oorspoel. Maar voordat ons nie weet wat 'n monster se aard en krag is nie, kan ons dit nie aanvat nie.

Die omvang van die probleem is baie groter as die nuutste

navorsingsyfer wat daarop dui dat een uit elke sewe leerlinge leerprobleme het. Aan skole in laer sosio-ekonomiese gemeenskappe presteer minder as vyftig persent van die leerlinge volgens hulle vermoë. Aan blanke skole waar daar 'n hoë inname is van anderskleuriges, is daar oneindige probleme. Die onderrigpeil van die anderskleuriges is as gevolg van milieugestremdheid nie op standaard nie. Daardie leerlinge het bykans almal leerprobleme as gevolg van gebrekkige stimulasie wat gelei het tot swak perseptuele ontwikkeling, wat aanleiding gee tot leerprobleme. Indringende ingryping is essensieel.

Dit het vir my duidelik geword dat daar waar wanhoop hoogty vier, die insidensie van leerprobleme hoër is. Ek weet dus duideliker as ooit dat jy as ouer en as onderwyser, nie die kind met die leerprobleem in wanhoop mag laat verval nie. Ons moet daardie kind menswaardig laat voel. Dit is en bly die vertrekpunt vir werk aan die kind met die leerprobleem – hy wat in 'n werklose gemeenskap woon, en hy wat uit Waterkloof kom.

Verder het my besoeke aan die skole my oortuiging dat uitgediende maatstawwe en rigiede stelsels die wyk moet neem voor 'n meer humanistiese beskouing, versterk. Daar is onderwysers en skoolhoofde wat hulleself as regters beskou en doodsvonnisse oor kinders links en regs uitspreek. Sodra hulle 'n uitspraak gelewer het, soos dat 'n kind in 'n spesiale skool hoort, is hulle ego's in die gedrang en verwerp hulle enige strydige siening. Wanneer so 'n gevonniste kind vordering toon, weier hulle om dit te erken. Talle, talle kinders word so as sondebokke gebrandmerk wat uitgewerk moet word, en jy as ouer wat vermoed dat jou kind gehelp kan word, loop jouself vas teen 'n rigiede stelsel. Daardie stelsel het nie meer bestaansreg nie. Indien die kind oor 'n normale vermoë beskik, mag die onderwyser of die skoolhoof nie besluit dat hy daardie kind nie in sy skool wil hê nie.

Die geval van Johannes Adrian wat ek in hoofstuk 1 bespreek het, is 'n goeie voorbeeld van hoe 'n stelsel nie 'n etiket wil verwyder of verander nie. Ten spyte van die wonderbaarlike vordering wat daardie kind getoon het, weier 'n onderwyser om erkenning te gee aan die vordering. Hy onderrig drie vakke aan Johan. In daardie drie vakke het Johan steeds 'n druippunt. Die betrokke onderwyser het hom geïdentifiseer as 'n geval vir 'n spesiale skool. Hy wil nie verkeerd bewys word nie. Dit klink nie moontlik nie, nie in 1996 nie. Dit is waar. Kan jy jou indink watter ongelooflike pyn en verwarring daardie kind beleef? Hy het hom al die etikette aangetrek wat hom toegedig is. Hy het opgetree soos 'n gestremde terwyl hy hoogs intelligent is. Uiteindelik, na jare se sparteling, breek die lig vir hom deur en hy leer sy eie kragte ken. 'n Onderwyser sê vir hom, "Nee, boetie, die hoop wat jy gekry het, is vals hoop." Hy trap op die kind se hande sodat die kind die reddingstou moet laat los.

Dan is daar skole waar die klem van die merietetoekennings val op vordering wat kinders getoon het. Dank aan die Goeie Vader vir skole en onderwysers wat regverdige maatstawwe aanwend.

Behalwe dat hierdie boek dalk hoop bring aan jou wat 'n kind met 'n leerprobleem het, is dit 'n pleidooi. Ons mag nie hoop onder 'n kind uitruk nie, nie deur neerhalende opmerkings nie, nie deur sy probleem in plaas van hom te sien nie, nie deur hom nie 'n regverdige kans te gun nie.

"Let them not make a stone and let them not spill me. Otherwise kill me." Louis Macneice.

BRONNELYS

BRICKNELL SMITH, C. F. *The Poet's Sphere.* Juta & Co. Beperk, Kaapstad, 1969.
BUSCAGLIA, L. *Love.* Fawcett Crest, New York, 1972.
HOWARD, A. en W. *Exploring the Road Less Travelled.* Arrow Books, Groot-Brittanje, 1985.
MEIJ, M. *Leerontwikkelingstrategieë.* De Jager-Haum, Pretoria, 1993.
MONTESSON, M. *The Child in the Family.* Pan Books, Londen en Sydney, 1956.
MURRAY-VERSLAG VAN DIE KOMITEE VAN ONDERSOEK NA DIE OPVOEDING VAN KINDERS MET MINIMALE BREINDISFUNKSIE. Staatsdrukker, Pretoria, 1969.
ONDERWYSKOLLEGE VIR VERDERE OPLEIDING, STUDIEGIDSE:
Pedoterapie 1.
Pedoterapie 2.
Pedoterapeutiese Praktyk 2.
Psigopatologiese Aspekte.
Ortopedagogiek, Pretoria, OKVP, 1982.
PECK, S. M. *Further Along the Road Less Travelled.* Simon & Schuster Bpk., Londen, 1993.
POWELL, J. *Why Am I Afraid To Love.* Argus Communications, Illinois, 1967.
PRETORIUS, J. *Remediëringsreeks* 1-9. De Jager-Haum, Pretoria, 1989.
DASS, R. *How Can I Help (Emotional Support and Spiritual Inspiration for Those Who Care for Others).* Rider, Londen, Sydney, Auckland, Johannesburg, 1985.